CARAMBAIA

ilimitada

Victor Klemperer

Munique 1919
Diário da revolução
É para rir e chorar ao mesmo tempo

Ensaio histórico
WOLFRAM WETTE

Prefácio
CHRISTOPHER CLARK

Tradução e posfácio
MÁRIO LUIZ FRUNGILLO

6   A revolução alemã de 1918-1919 – Um ensaio histórico,
    por Wolfram Wette
21 Prefácio, por Christopher Clark
25 Sobre esta edição

. .   .

Parte I
29 É para rir e chorar ao mesmo tempo (1942)

Revolução
31   [novembro de 1918]
37   [dezembro de 1918]
65   [janeiro de 1919]
68   [fevereiro de 1919]
82   [março/abril de 1919]
91   [abril de 1919]
103 [abril/maio de 1919]
105 [maio de 1919]

Parte II
111 Diário da revolução (1919)

113 Política e boêmia

119 Duas cerimônias em Munique
123 Munique depois do assassinato de Eisner
131 Os acontecimentos na Universidade de Munique
135 A terceira revolução na Baviera
    Diário da revolução
143 [Munique, 17 de abril de 1919]
149 [18 de abril de 1919]
151 [19 de abril de 1919]
155 [domingo de Páscoa, 20 de abril de 1919]
158 [segunda-feira de Páscoa, 21 de abril de 1919]
158 [22 de abril de 1919]
159 [30 de abril de 1919]
164 [2 de maio de 1919]
170 [4 de maio de 1919]
173 [10 de maio de 1919]
181 Tragicomédia muniquense

185 Posfácio – A testemunha contumaz,
    por Mário Luiz Frungillo
192 Cronologia de Victor Klemperer
201 Glossário
204 Índice onomástico

A revolução alemã de 1918-1919
Um ensaio histórico
WOLFRAM WETTE

Mais de cem anos depois, a revolução alemã de 1918-1919 ainda desperta interesse. Não surpreende que seja assim. Pois até então só havia na história do país essa única revolução que, em certa medida, foi bem-sucedida. Dela surgiu a sua primeira democracia, a República de Weimar. A revolução de 1918-1919 é um dos pontos de inflexão da história alemã mais recente. Ela ocupa lugar permanente na memória que os alemães guardam de suas tradições democráticas. Só poderemos compreender as causas e as formas dessa revolução se tivermos a consciência de que ela foi tudo, menos um golpe estrategicamente planejado por revolucionários profissionais prontos para empregar a violência. Não, ela nasceu do protesto de milhões de alemães contra a Grande Guerra, que já durava quatro anos. A guerra trouxera a morte e a miséria para o país, e a maioria ansiava por seu fim imediato. Desde 1916 o país era governado por uma ditadura militar, o Supremo Comando Militar (*Oberste Heeresleitung*, ou OHL), sob o marechal de campo Paul von Hindenburg e seu ajudante de ordens, general Erich Ludendorff. Este último era de fato o homem forte do OHL.

Na primavera e no verão de 1918 tornou-se evidente que esses generais ainda não tinham tomado nenhuma providência no sentido de encaminhar uma "paz negociada" — estabelecida como objetivo político pela maioria parlamentar um ano antes. Em vez disso, os detentores do poder queriam continuar a lutar e deixar que a "pátria" continuasse a definhar a fim de obter uma "paz vitoriosa", supostamente ainda possível. Esse foi o solo fértil para os movimentos de protesto que surgiram no decorrer de 1918, tanto no front quanto na pátria. Em março, soldados alemães da frente ocidental, em solo francês, deram a conhecer, por meio de uma "greve militar oculta" aos olhos do comando militar, o que pensavam da política de guerra alemã. No solo pátrio houve grandes greves, inclusive nas fábricas de armamentos, fundamentais para a guerra. Formou-se um movimento de massas contra a guerra, que saiu às ruas para exigir "Paz, liberdade, pão!". "Paz" significava o rápido término da guerra; "liberdade", a substituição do Estado autoritário militarista por uma república democrática; e "pão" exigia finalmente concentrar as ações do Estado em alimentar sua população carente, o que incluía a suspensão do bloqueio das importações de alimentos dos países aliados.

No final de outubro e início de novembro de 1918, um motim de marinheiros da Frota Imperial de Alto-Mar em Wilhelmshaven e, depois, em Kiel teve igualmente por objetivo um término acelerado da guerra. Ao questionarem fundamentalmente as antigas relações de poder e se aliar aos trabalhadores locais, os marinheiros deram o sinal para a revolução alemã. Esta se espalhou como uma inundação vinda do norte para cobrir toda a Alemanha. A Munique, ela chegou já em 7 e 8 de novembro, ainda antes de alcançar a capital, Berlim. Como já ocorrera em Kiel, os soldados revolucionários se aliaram em muitas outras cidades alemãs aos trabalhadores revolucionários. A partir de suas próprias fileiras, constituíram conselhos de trabalhadores e soldados em nível local, regional e nacional que tomaram o lugar dos antigos governos como órgãos de poder revolucionários.

Em 9 de novembro houve uma ruptura política decisiva em Berlim. O operariado das grandes indústrias de Berlim entrou em greve geral. Os soldados da guarnição se solidarizaram com os grevistas. Sob pressão, o imperador Guilherme II abdicou do trono. O chanceler Max von Baden entregou seu cargo ao presidente do Partido Social-Democrata Majoritário da Alemanha (MSPD), Friedrich Ebert. Philipp Scheidemann, parlamentar veterano e um dos mais conhecidos políticos do MSPD, proclamou do balcão do edifício do Reichstag: "Viva a República Alemã!". Algumas ruas mais adiante, o deputado Karl Liebknecht, do Partido Social-Democrata Independente da Alemanha (USPD), proclamou a "República Socialista Livre da Alemanha".

Seguiu-se, então, a revolução "de baixo". Sob pressão da base, que exigia a convergência dos dois partidos social-democratas, foi criado em 10 de novembro de 1918 um novo governo, que se autodenominou "Conselho dos Comissários do Povo". A ele pertenciam três políticos experientes de cada um dos dois partidos social-democratas. Ebert assumiu a presidência. Esse governo revolucionário emitiu em 12 de novembro de 1918 uma importante proclamação "Ao povo alemão!", na qual comunicava a implantação de reformas políticas: introdução da jornada de trabalho de oito horas, assim como o direito de voto universal, paritário, secreto e direto a partir dos 20 anos de idade (inclusive para as mulheres) e a realização de eleições para uma Assembleia Nacional Constituinte. O problema da socialização, ou seja, da coletivização dos meios de produção, não foi mencionado na proclamação, o que se devia às diferentes concepções de ambos os partidos sobre os objetivos da revolução e se constituiria em fonte de conflitos nos meses seguintes. As transformações revolucionárias na capital, Berlim, que afinal tinham influência sobre todo o Reich alemão, transcorreram — contrariando certas expectativas — de modo tranquilo e sem derramamento de sangue. O antigo sistema ruiu sem luta. Alguns historiadores afirmam que o curso pacífico da revolução de novembro se deveu justamente a essa abdicação sem resistência dos antigos poderes. Outros apontam para o estágio avançado da democratização, o elevado grau de industrialização do país e, como resultado de ambos, um reflexo anticaos extensamente disseminado na população alemã, que incluía o desejo de uma continuidade administrativa.

Em 11 de novembro de 1918, as armas finalmente se calaram, como os movimentos de massas exigiam havia meses. Mas os generais comandantes Hindenburg e Ludendorff se eximiram de assinar o armistício e, com isso, assumir a responsabilidade pela derrota militar do Reich alemão. No lugar deles, o governo dos comissários do povo enviou o político centrista Matthias

Erzberger à cidade francesa de Compiègne, a fim de assinar o tratado do armistício. Na sequência, os oficiais responsáveis conduziram milhões de soldados alemães das frentes de batalha para a pátria. Ali eles foram desmobilizados. Onde a burocracia militar não estava em condições de emitir papéis regulares de dispensa, ocorreram desmobilizações espontâneas. Todos estavam felizes por haver sobrevivido à guerra e queriam de qualquer modo estar de volta a casa antes do Natal.

Enquanto as transformações revolucionárias se realizavam em Berlim, o suboficial alemão Victor Klemperer estava na cidade lituana de Vilna, ocupada por tropas alemãs. Em 1915, o romanista detentor de um doutorado e de uma habilitação, então com 34 anos de idade (nascido em 9 de outubro de 1881) e casado, se alistara como voluntário de guerra, e com isso comprovara seu patriotismo. Klemperer, filho de pai e mãe judeus, também demonstrara sua disposição à assimilação pela conversão ao protestantismo. De novembro de 1915 a março de 1916, servira na frente ocidental em Flandres. No outono de 1918, prestava em Vilna um serviço de guerra relativamente seguro no departamento de imprensa do Estado-Maior de "Ober Ost", como era chamado o posto do comandante supremo das forças de combate alemãs no Leste.

Depois da conclusão do armistício em Compiègne, Klemperer logo encontrou uma maneira de rumar para oeste por trem. Primeiramente, fez uma parada de algumas semanas em Leipzig, onde morava sua mulher, Eva; então, em meados de dezembro de 1918, continuou a viagem por alguns dias até Munique, onde sua unidade de reserva, o 7º Regimento de Artilharia de Campo Príncipe Regente Leopoldo, estava estacionada. Para o suboficial Klemperer, era importante encerrar de modo formalmente correto seu serviço militar. Seus antigos camaradas souberam honrar sua conduta, não apenas emitindo sem maiores delongas os documentos de quitação necessários, como também lhe concedendo soldo, licença e cartões de racionamento.

Em 16 de dezembro de 1918, o Congresso dos Conselhos de Trabalhadores e Soldados do Reich se reuniu em Berlim a fim de, em debates que se estenderam por vários dias, definir os rumos do futuro político da Alemanha. Evidenciou-se que a maioria dos conselhos de trabalhadores e soldados seguia o curso moderado dos social-democratas majoritários. O congresso dos conselhos do Reich exigiu a "destruição do militarismo", o que significava em primeira linha a destituição dos oficiais de carreira que tinham sido socialmente dominantes e politicamente influentes no Império Alemão. Ademais, recusou a introdução do "sistema de conselhos puro" como alternativa ao sistema de governo parlamentarista e defendeu eleições para a Assembleia Nacional, que foram realizadas em 19 de janeiro de 1919. Concepções divergentes sobre as questões político-militares levaram, no final de dezembro de 1918, à saída dos representantes do USPD do governo dos comissários do povo. Eles foram substituídos por políticos social-democratas majoritários. A responsabilidade pelo Exército e pela Marinha foi entregue ao deputado do Reichstag Gustav Noske.

Já em janeiro de 1919, Noske se lançou com grande dureza contra manifestantes que demonstravam sua insatisfação com o curso tomado até então pela revolução; queriam que ela avançasse ainda mais e, para isso, estavam dispostos a pegar em armas. As agitações de janeiro em Berlim, que já na contrapropaganda contemporânea eram falsamente chamadas de "Levante de Espártaco", foram reprimidas por Noske mediante uso da força militar. Nem naquele momento nem durante as agitações posteriores se cogitou seriamente ou se considerou possível uma solução policial do problema. Houve conflitos semelhantes a uma guerra civil. Eles começaram em janeiro de 1919 em Berlim e, nos meses seguintes, se repetiram em Bremen, depois outra vez em Berlim (agitações de março de 1919), na região do Ruhr, em Braunschweig, Magdeburg, nas províncias do Leste, em Württemberg e, por fim, em maio de 1919, também em Munique. Ao todo, cerca de 3 mil pessoas morreram nos combates dessa guerra civil.

A marca distintiva dos conflitos intrassociais da primeira metade de 1919 consistia em que todas as aspirações revolucionárias que iam além do caminho da democratização da Alemanha determinado pelo congresso dos conselhos do Reich foram sufocadas pelo governo dos comissários do povo mediante uso da violência militar. Como instrumento dessa política de força estatal serviam os assim chamados *Freikorps*, cuja formação fora solicitada por Noske em janeiro de 1919. Os homens que atenderam a esse chamado eram em sua maioria ex-soldados profissionais com tendências antidemocráticas e contrarrevolucionárias que não encaravam a possibilidade de iniciar uma vida profissional civil. A repressão violenta do experimento dos conselhos em diversas regiões da Alemanha – sem uma sondagem prévia das possibilidades de negociação e desescalada – foi a marca negativa da "Era Noske". Essa política da violência foi baseada na controversa afirmação de que a Alemanha tinha de ser protegida contra "o bolchevismo". Não por acaso, militares do Exército Imperial designaram a fase em que a segunda onda revolucionária foi reprimida com violência como "pós-guerra", deixando assim claro que, de seu ponto de vista, a guerra externa agora continuava a ser travada no interior da Alemanha. As eleições para a Assembleia Nacional em 19 de janeiro de 1919 deram a maioria a uma aliança entre o Partido Social-Democrata Majoritário (MSPD), o Partido de Centro Alemão (DZP), católico, e o Partido Democrático Alemão (DDP), que então recebeu o nome de "Coalizão de Weimar". Seus deputados elegeram o político social-democrata e até então presidente do governo dos comissários do povo Friedrich Ebert como primeiro presidente da República. Ebert encarregou Philipp Scheidemann da formação do governo. Scheidemann se tornou o primeiro chanceler da República no governo formado em 13 de fevereiro de 1919. Na primeira metade de 1919, uma comissão sob a presidência do especialista em direito constitucional Hugo Preuss produziu um esboço da Constituição de Weimar. Ela foi promulgada em 31 de julho de 1919 pela Assembleia Nacional em Weimar.

O Tratado de Versalhes, redigido pelos vencedores sem a participação dos alemães, foi veementemente rejeitado pelo governo e pela maioria dos membros da Assembleia Nacional, que o classificaram como um "ditado" de paz. Em 12 de maio de 1919, Philipp Scheidemann pronunciou na Assembleia Nacional, em Berlim, a frase: "Que mão não deveria secar depois de colocar a si e a nós em tais grilhões?". Depois de ter se exaltado assim na rejeição ao tratado, Scheidemann teve de renunciar à chefia do governo quando se revelou impossível conseguir uma mudança em seus termos. Por fim, sob protestos dos políticos de direita, a maioria da Assembleia Nacional (257 votos contra 138) aprovou o tratado de paz. O oposicionista USPD também deu seu voto favorável.

Os eventos políticos regionais que Victor Klemperer vivenciou de muito perto em Munique estão inseridos nesse contexto histórico maior. Ele fixou os acontecimentos e suas impressões num *Diário da revolução* e escreveu relatos sobre ela para o *Leipziger Neueste Nachrichten* [Últimas notícias de Leipzig], um jornal de tendência conservadora, contrarrevolucionária. Depois de ter obtido sua dispensa regular do serviço militar em meados de dezembro de 1918, ele iniciou os preparativos para o retorno à vida profissional civil, ou seja, à retomada de suas atividades como *Privatdozent*[1] de literatura francesa moderna na Universidade Ludwig-Maximilian. Diante da grave carência de moradias, foi especialmente difícil para ele e sua mulher encontrar uma residência adequada. Os Klemperer passaram em Leipzig o Natal de 1918 e o mês de janeiro de 1919; no fim daquele mês ele se mudou com sua mulher para Munique, onde ela pretendia continuar seus estudos de órgão. Provisoriamente o casal se instalou numa pensão. Uma vez que, na qualidade de *Privatdozent*, não tinha um salário fixo, Klemperer dependeu, no período de transição, do apoio financeiro de seu irmão.

De fato, Klemperer queria, em 1919, se concentrar inteiramente em seus assuntos privados. Mas naquela época de mudanças revolucionárias a política se impunha cada vez mais em sua vida, quisesse ele ou não. Os conselhos de trabalhadores e soldados ele já conhecia de Leipzig, sem, contudo, simpatizar com eles. Em comparação com a situação antes tranquila em Leipzig, ele encontrou na Munique de fevereiro de 1919 uma cidade tomada por uma situação de elevada tensão política que, contudo, não lhe pareceu nenhum prenúncio de conflitos

---

1   *Privatdozent* é o professor que concluiu sua habilitação e, portanto, está autorizado a lecionar em universidade, mas ainda não conquistou uma cátedra; não recebe remuneração do Estado.

violentos, mas antes um divertimento aprazível, um "carnaval político" com muitas bandeiras e flâmulas coloridas. Ele se perguntou o que, afinal de contas, se festejava em Munique – o fim da guerra ou a vitória da revolução?

Em Munique, a revolução já triunfara em 7 de novembro de 1918. Naquela noite o político Kurt Eisner, do USPD, proclamou, numa reunião dos conselhos de trabalhadores e soldados, o "Estado Livre da Baviera", o que significava "livre" da monarquia, e declarou deposto o rei bávaro Ludwig III – o fim sem choro nem vela do domínio da dinastia dos Wittelsbach, que durara 738 anos. O Conselho de Trabalhadores e Soldados de Munique elegeu Eisner como o primeiro governador do Estado Livre. Como mais tarde no Reich, os social-democratas majoritários e os independentes já se aliavam na Baviera para um governo revolucionário comum. Esse governo permaneceu no posto pelo período de transição de cem dias, até o assassinato de Eisner em 21 de fevereiro de 1919.

Kurt Eisner era literato, jornalista e político. Trabalhara por muitos anos para o jornal social-democrata *Vorwärts* [Avante] e outros órgãos do partido, nos quais angariara boa reputação. Pouco depois de 1914, começou a alimentar dúvidas sobre a versão oficial da guerra defensiva. Reconhecia com clareza cada vez maior a culpa alemã pela guerra. A partir de 1915 tornou-se pacifista e em 1917 entrou para o recém-fundado Partido Social-Democrata Independente, no qual se reuniam os social-democratas inimigos da guerra. Em Munique e na Baviera, ele foi um dos cofundadores do USPD e se tornou o líder do partido.

Já no dia da proclamação do "Estado Livre da Baviera", Eisner anunciou que pretendia convocar o mais rápido possível uma Assembleia Constituinte bávara. Conclamou a população a colaborar "para que a transformação inevitável aconteça de forma rápida, fácil e pacífica". Seguindo sua convicção pacifista, proclamou: "Nesta época de assassinatos ferozes e absurdos, nós abominamos todo derramamento de sangue. Cada vida humana deve ser sagrada".

Não houve transformações políticas profundas na breve Era Eisner. Os membros do MSPD em seu governo defendiam – de modo análogo à política do MSPD no Reich — o ponto de vista de que só uma Assembleia Legislativa eleita livremente poderia decidir sobre o futuro formato do Estado Livre da Baviera e de que o gabinete Eisner era apenas uma instituição provisória. As eleições para a Assembleia Legislativa bávara ocorreram em 12 de janeiro de 1919. O Partido Social-Democrata da Alemanha (SPD) recebeu 33% dos votos; o Partido Popular da Baviera (BVP), conservador, que fizera uma campanha de difamação antissemita contra a "revolução judaico-bolchevista", pôde comemorar seus 35% de votos. O partido do próprio Eisner, USPD, sofreu, com apenas 2,52% dos votos, uma drástica derrota.

Quando a Assembleia Legislativa bávara recém-eleita se reuniu em 21 de fevereiro de 1919, Eisner se dirigiu para lá a fim de apresentar sua renúncia ao cargo de governador. Mas isso não chegou a acontecer: no caminho para a Assembleia Legislativa ele foi morto a tiros pelo estudante de direito e tenente licenciado da infantaria conde Anton Arco auf Valley. O autor do atentado pertencia à atmosfera nebulosa da Sociedade Thule, populista, antissemita, antidemocrática e contrarrevolucionária.

Como resposta ao assassinato de seu chefe, o USPD convocou uma greve geral em Munique. O "Conselho Central da República da Baviera", que fora instituído pelo congresso dos conselhos da Baviera, assumiu o governo provisoriamente. Quando Kurt Eisner foi sepultado, em 26 de fevereiro de 1919, um cortejo fúnebre de mais de 100 mil pessoas o teria acompanhado. Essa participação demonstrou mais uma vez o que Klemperer observara surpreso algumas semanas antes num comício eleitoral de Eisner: aquele "homenzinho delicado, pequenino, frágil, encurvado", "cujas intenções honestas ninguém poderia negar", era ovacionado pela "verdadeira" população de Munique — "trabalhadores, artesãos, pequenos comerciantes".

Assim como o assassinato dos líderes espartaquistas Rosa Luxemburgo e Karl Liebknecht por oficiais de extrema direita da Divisão de Fuzileiros da Guarda de Cavalaria (GKSD) em 15 de janeiro de 1919 em Berlim, o assassinato do social-democrata Eisner também significou uma cesura para a evolução política da Baviera no período de transição revolucionária: com esse assassinato, a violência invadiu os conflitos entre as forças revolucionárias e contrarrevolucionárias. A greve geral que se seguiu levou a uma revivificação e radicalização do movimento dos conselhos e, com isso, a um afastamento do princípio da não violência de Eisner. Klemperer observou com estranheza como em seu ambiente universitário não poucos estudantes e professores estilizavam o assassino Arco como herói patriótico.

Na fase posterior à morte de Eisner, o movimento dos conselhos, de orientação de esquerda radical e em clara posição de minoria, de um lado, e a Assembleia Legislativa bávara eleita, de outro, concorria pelo direito de formar o governo. Em 1º de março de 1919, o conselho central do movimento dos conselhos elegeu governador o social-democrata Martin Segitz, e em 17 de março a Assembleia Legislativa seguiu o exemplo com a eleição do membro do SPD Johannes Hoffmann. Quando ficou evidente que o governo Hoffmann não poderia resistir à pressão do movimento dos conselhos de Munique, ele se transferiu para Bamberg. Em Munique, os radicais de esquerda proclamaram, em 7 de abril de 1919, a República dos Conselhos. Seu governo foi conduzido de início por intelectuais pacifistas como Gustav Landauer, Erich Mühsam e Ernst Toller, que, contudo, depois de apenas uma semana foram enxotados pelos comunistas Eugen Leviné, Max Levien e Rudolf Egelhofer, que proclamaram uma segunda República dos Conselhos.

Esse desenvolvimento obrigou o governo em Berlim a entrar em ação. O ministro da Defesa, Noske, recebeu a incumbência de "limpar" Munique, se preciso por meio da violência. Embora o governador Hoffmann esperasse que fosse possível encontrar uma solução negociada, e embora também houvesse homens entre os governantes dos conselhos de esquerda radical que queriam a todo custo evitar um derramamento de sangue, a intervenção das forças do Reich, orientando-se totalmente pela lógica militar, seguiu seu curso. No início de maio de 1919, um contingente de cerca de 30 mil soldados dos *Freikorps*, formado por tropas da Prússia, da Baviera e de Württemberg, partiu em direção a Munique. É fato que o governo dos conselhos, de orientação comunista, tomou uma resolução ainda antes da marcha das tropas governamentais, determinando a total deposição das armas. Mas o violento confronto já não podia ser evitado. Agora o "terror branco" dos *Freikorps* lutava contra o "terror vermelho" do pretensiosamente chamado "Exército Vermelho". Imbuídos de uma imagem antibolchevista do inimigo, os soldados dos *Freikorps* se lançaram com violência brutal e, como Noske escreveu em suas memórias daquela época, tomados de um verdadeiro "êxtase sanguinário" contra os soldados do Exército Vermelho, que aos seus olhos eram "feras assassinas bolchevistas". No combate desigual, estima-se que entre quinhentos e mil adeptos da República dos Conselhos perderam a vida nos primeiros dias de maio de 1919 em Munique. E isso a despeito do fato de que na conservadora Baviera o experimento regional dos conselhos em momento algum tivera a menor chance de se estabelecer.

Em Munique, Klemperer sempre retornava aos lugares dos violentos conflitos. E com espanto acompanhava a resistência ferrenha e heroica dos adeptos da República dos Conselhos às tropas governamentais, muito superiores. De modo surpreendente, registrou que a burguesia de Munique agora saudava com alegria até mesmo a chegada de tropas prussianas. Klemperer pôde observar a mudança das relações de poder também na conduta de indivíduos isolados, que sorrateiramente trocavam a braçadeira vermelha por uma branca. Justo na fase mais candente do conflito, contudo, o contexto político mais amplo permaneceu um enigma para o memorialista, pois em Munique não se publicavam jornais que poderiam trazer informações sobre os acontecimentos no Reich.

Klemperer observou de uma proximidade imediata alguns dos principais atores do movimento dos conselhos e fixou suas impressões em retratos certeiros. Entre outros, ficamos conhecendo Kurt Eisner, Gustav Landauer e Max Levien, mas também o membro do DDP Ludwig Quidde, Karl Escherich, a quem ele confunde com o irmão Georg, que, em reação à República dos Conselhos de Munique, fundou uma organização paramilitar antirrepublicana, e o comandante de um *Freikorps*, Franz Ritter von Epp, que com sua legião de setecentos homens ajudou a esmagar a República dos Conselhos de Munique. Em cada fase dos acontecimentos, Klemperer tentava apreender a atmosfera política de Munique, que em longos períodos era totalmente pacífica. Por causa da visível falta de profissionalismo político dos atores revolucionários e das aparições folclóricas de seus adeptos, Klemperer se viu a todo momento induzido a fazer comparações com a agitação do carnaval e com uma "comédia" em que nada era sério.

Quanto à sua própria posição política, Klemperer permaneceu oscilante durante todo o tempo da ruptura revolucionária. Ele abominava tanto os radicais de esquerda espartaquistas quanto os nacionalistas de direita. Enquanto isso, flertava com a direita moderada. Quando se viu chamado a votar nas eleições para a Assembleia Nacional de 19 de janeiro de 1919, ele — que anteriormente já havia votado no SPD — decidiu-se pelos liberais, ou mais precisamente pelo Partido Democrático Alemão (DDP), que se posicionava à esquerda do Partido Popular Alemão (DVP) de Gustav Stresemann. Com sua escolha, Klemperer queria apoiar a moderada Coalizão de Weimar.

Em suas anotações sobre os meses de ruptura revolucionária, ele relata também o dia a dia na Universidade de Munique. Sua atividade docente na academia representava naqueles tempos agitados um desafio especial, pois os estudantes eram em sua maioria ex-soldados da frente de batalha que tinham de ser ensinados num "seminário emergencial de guerra". De um lado, tinham um desejo incomum de conhecimento; de outro, porém, perdiam rapidamente o interesse caso sentissem dúvidas sobre o sentido prático do que aprendiam. Quando o *Freikorps* contrarrevolucionário de Epp começou a recrutar voluntários, não foram poucos os que se alistaram.

Como homem de origens judaicas (de pai rabino e mãe também judia) que se convertera ao protestantismo, Klemperer se mostrou muito atento na observação das tendências antissemitas nos meses da revolução de 1918-1919. Não lhe passou despercebido que na burguesia muniquense, no Partido Popular da Baviera, entre os professores, entre os estudantes e os soldados dos *Freikorps* se manifestavam posições antissemitas que se voltavam contra os atores revolucionários. De fato, algumas personalidades do movimento dos conselhos de Munique eram de origem judaica, como o social-democrata Kurt Eisner e os políticos radicais e literatos Gustav Landauer, Max Levien,

Eugen Leviné, Erich Mühsam e Ernst Toller. Mas à contrarrevolução não interessavam os indivíduos, e sim que os atores do movimento dos conselhos bávaro fossem generalizadamente difamados como "porcos judeus". Ao mesmo tempo, faziam dos judeus bodes expiatórios para todas as perversidades daquela época: a maquinação da Primeira Guerra Mundial, a derrota militar e, por fim, a revolução. Também de outro lado Klemperer foi atacado: certa vez uma sionista fanática lhe declarou que não se relacionava com judeus convertidos, esses "traidores".

Na retrospectiva histórica, é importante reconhecer uma coisa: os nacionalistas e populistas alemães, que em 1918-1919 encarnavam a contrarrevolução, evitavam já naquela época a imagem inimiga do "bolchevismo judeu", que em 1941 serviu de trilha sonora propagandista para a guerra do Exército alemão contra a União Soviética. Em Berlim, um oficial da Marinha Imperial de Guerra, o capitão de fragata Bogislaw von Selchow, registrou uma cena em 11 de novembro de 1918 da seguinte maneira: "Pela manhã, fui ao escritório da Marinha Imperial, sobre o qual tremulava a bandeira vermelha. Diante dele um judeu bolchevique à paisana com uma espingarda montava sentinela. Tudo parecia um sonho [...]". Em Munique, o assassino de Eisner, conde Arco auf Valley, justificou seu crime: "Eisner é bolchevista, é judeu, não é alemão, não se sente alemão, mina qualquer pensamento e sentimento patriótico, é um traidor da pátria". Klemperer observava esse antissemitismo agressivo no ano da revolução de 1919 em Munique com grande apreensão. Ainda não se sentia diretamente ameaçado, "mas oprimido e isolado".

Ao fim sangrento do período socialista dos conselhos seguiu-se a contrarrevolução. Mais rapidamente ainda do que em outras partes do Reich, as forças conservadoras, reacionárias, nacionalistas e antissemitas se consolidaram. Nesse clima político surgiu também o Partido Nacional-Socialista dos Trabalhadores Alemães (NSDAP).

No segundo semestre de 1919, depois da segunda onda revolucionária, a influência política da direita e dos militares se fortaleceu em todo o Reich. Essas forças não aceitavam nem a República, nem o governo, nem o Tratado de Versalhes.

Resistiam especialmente à implementação das medidas de desarmamento militar inscritas no tratado de paz. Esse desenvolvimento culminou, por fim, com um golpe militar contra a República em março de 1920, liderado pelo reacionário diretor-geral provincial Wolfgang Kapp e o oficial mais graduado do Reichswehr[2] Provisório, general Walther von Lüttwitz. Daí a denominação *putsch* Kapp-Lüttwitz.

O governo do Reich, liderado pelo social-democrata Gustav Bauer, teve de fugir de Berlim para Stuttgart. Gustav Noske, que havia perdido o comando político das forças armadas, teve de deixar o cargo de ministro da Defesa do Reich. Foi necessária uma greve geral convocada pelos sindicatos e pelos partidos de esquerda para impedir o golpe contra a República. Mas a direita nacionalista mostrara que não aceitaria a derrota na guerra, o "ditado" de paz de Versalhes, o desarmamento imposto e a democratização da política. Os inimigos da República planejavam a restauração e a revanche.

Klemperer, que juntamente com sua mulher, Eva, sobreviveu à Segunda Guerra Mundial numa assim chamada *Judenhaus* ["casa de judeus"] em Dresden e, com seus diários, se tornou um dos mais importantes cronistas da Alemanha nazista, já havia previsto no final de abril de 1919 em seu relato sobre os combatentes de rua "esquerdistas" as consequências do desenvolvimento político e da radicalização de um modo que, contra o pano de fundo da calamidade vindoura, nos parece clarividente, se não profético: "[...] se até agora eles ainda não cometeram nenhum assassinato e ainda não reduziram Munique a cinzas, não deixaram, por outro lado, de fazer todo o resto que poderia levar uma multidão desenfreada a se desacostumar do sentimento de justiça uma e conduzi-la, passo a passo, aos piores crimes. Prisões arbitrárias, tomadas de reféns, inspeções domiciliares que degeneravam em saques comuns e sempre, sempre novas incitações da mais nefasta, sangrenta e perversa espécie contra a burguesia tornada indefesa, espoliada de qualquer direito, de todo atemorizada".

2   Conjunto das forças armadas da Alemanha de 1919 a 1935.

No Terceiro Reich ele se via como um "historiador cultural da catástrofe". Cumpriu a constante exigência que fazia a si mesmo – "observar, anotar, estudar" – com notas minuciosas sobre o dia a dia da perseguição aos judeus. Neste diário da revolução, nós vivenciamos como o jovem Klemperer assume pela primeira vez esse dever e com isso se dá conta de que a política a tudo antecede: "Ela não permitia que a esquecêssemos em lugar algum, penetrava e predominava em toda parte". Nascia um cronista.

O motivo inicial que levou Klemperer a Munique foi sua ainda incerta carreira acadêmica. Contra suas expectativas, já em 1920 ele recebeu um chamado para a Escola Superior Técnica de Dresden, na qual ensinou como professor efetivo até ser aposentado compulsoriamente pelos nazistas em 1935. Ainda em 1942, escrevia: "Assim, se o Terceiro Reich não me tivesse tirado nada além da possibilidade de lecionar, ele já teria me tornado pobre o bastante". Em 1945, depois do fim do regime de terror, Victor Klemperer foi reabilitado e permaneceu ligado à ciência por toda a sua vida.

WOLFRAM WETTE é historiador militar e professor da Universidade de Freiburg. É autor de mais de quarenta livros, entre eles uma biografia de Gustav Noske e *Die Wehrmacht. Feindbilder, Vernichtungskrieg, Legenden* (2002), sobre os crimes de guerra perpetrados pelas forças armadas alemãs durante a Segunda Guerra Mundial.

Prefácio
CHRISTOPHER CLARK

A onda de tumultos políticos e revoluções que se alastrou pela Alemanha ao final da Primeira Guerra Mundial é um dos episódios-chave do século XX. Uma sociedade marcada pela guerra e pela derrota foi mais uma vez abalada em seus fundamentos. O surgimento de uma esquerda comunista nos moldes do modelo soviético, de um lado, e de associações contrarrevolucionárias fortemente armadas da direita radical, de outro, provocou uma drástica polarização política. A escalada retórica logo se transformou em violência. Tropas de *Freikorps* e espartaquistas combateram-se ferrenhamente.

Em nenhum outro lugar a ampliação do espectro político tradicional se pôde sentir de forma mais dramática do que em Munique. Em 7 de novembro de 1918, o rei bávaro foi o primeiro monarca alemão a ser deposto. O Exército passou para o lado dos revolucionários, o rei partiu para o exílio. Depois do assassinato do governador Kurt Eisner (USPD) em 21 de fevereiro de 1919, as lutas pelo poder se tornaram mais agudas entre socialistas de esquerda e moderados. O novo governo de Johannes Hoffmann (SPD) foi deposto e substituído por uma República dos Conselhos influenciada de início por intelectuais pacifistas e anarquistas. Contudo, nem uma semana depois os comunistas, sob a liderança de Eugen Leviné, tomaram o poder. O gabinete Hoffmann, que nesse meio-tempo se refugiara no exílio, pediu socorro ao governo de Berlim. Em meados de abril, tropas do Exército Imperial e de *Freikorps* avançaram contra os revolucionários bávaros. Seguiu-se uma brutal derrubada da República dos Conselhos, durante a qual estima-se que 2 mil seguidores – alguns apenas suspeitos de o serem – foram assassinados, legalmente executados ou condenados a penas de prisão.

Victor Klemperer nos conduz através dos tumultos desses dias agitados de Munique com empatia, sensibilidade e olhar aguçado. Neste volume estão reunidos relatos da época feitos para o *Leipziger Neueste Nachrichten,* dos quais apenas alguns fragmentos foram então publicados, assim como passagens correspondentes de um livro de memórias posterior, cuja redação teve de ser interrompida em 1942. Graças aos seus diários da época do Terceiro Reich publicados em 1995 pela editora Aufbau, Klemperer é uma das testemunhas oculares mais lidas do século XX. O juízo agudo, o olhar atento para detalhes significativos e o talento literário revelado por aquela crônica épica encontram-se nas anotações do jovem romanista muniquense, preocupado com seu futuro como acadêmico.

Aqui Klemperer descreve o avanço das tropas durante a dizimação da República dos Conselhos na capital bávara no início de maio de 1919:

> [...] hoje até o fim da tarde, quando escrevo estas linhas, uma estrepitosa batalha literalmente dá livre curso à sua fúria. Toda uma esquadrilha de aviões cruza o céu de Munique, orientando o fogo, sendo ela própria alvejada, lançando sinalizadores; minas e granadas explodem ora mais longe, ora mais perto, mas incessantemente, fazendo tremer as casas; uma chuva torrencial de tiros de metralhadoras se segue às explosões e no meio de tudo isso pipoca o fogo da infantaria. Ao mesmo tempo, mais e mais tropas avançam pela Ludwigstrasse a pé, sobre rodas, a cavalo, trazendo morteiros, canhões, carros de provisões, cozinhas de campanha, por vezes acompanhadas de música; um batalhão de paramédicos estacionou junto ao Siegestor, e por todas as ruas se espalham patrulhas numerosas e divisões de diversas armas, em todos os cantos onde a gente pode se esconder e, ainda assim, observar, o público se ajunta, muitas vezes com o binóculo de ópera na mão.

A vista do leitor se volta dinamicamente dos aviões no céu para a massa das tropas no solo; seu olhar desliza sobre a variedade de armas, pessoas e veículos para, em seguida, se deter sobre os grupos de espectadores que observam tudo através de binóculos de teatro, como se fosse um espetáculo. Klemperer sabe comunicar de modo impressionante a teatralidade dos acontecimentos políticos, o componente de encenação. Vê aí, de fato, um traço essencial da revolução muniquense. "Em outras revoluções, em outros tempos, em outros lugares", escreve ele no início de fevereiro de 1919, "os líderes emergem da rua, das fábricas, das redações e dos escritórios de advocacia. Em Munique, um grande número deles se originou da boêmia". Sob tais circunstâncias a política não parece uma profissão, e sim um palco no qual se representam sonhos (e pesadelos). "Eu sou um visionário, um entusiasta, um poeta", grita o governador Kurt Eisner para uma grande assembleia reunida no hotel Trefler. Klemperer observa, para seu grande espanto, como Eisner, que se apresenta diante de seus olhos na figura de um "homenzinho delicado, pequenino, frágil, encurvado", colhe com essas palavras aplausos ruidosos do público muniquense, e tira daí a conclusão de que os cidadãos de Munique não estão primordialmente interessados em política, e sim em entretenimento.

Inédita neste volume é a sobreposição de duas camadas temporais: o relato contemporâneo aos acontecimentos de Munique é complementado por passagens retrospectivas das memórias de Klemperer. As vivências de Munique são, assim, apresentadas em seu contexto biográfico e histórico. Disso resulta um considerável aprofundamento da reflexão: aquilo que na primavera de 1919 o jovem observador contemporâneo julga ridículo na revolução de Munique surge mais tarde aos olhos do judeu perseguido na Dresden nacional-socialista sob uma luz antes trágica. Ao revisitar os acontecimentos, Klemperer reconhece a virulência crescente do antissemitismo que germina na Alemanha do pós-guerra. "Não quero exagerar: havia então em Munique um bom número de docentes e estudantes que rejeitavam totalmente essa hostilidade inflamada contra os judeus, e durante todo aquele período em Munique, eu, pessoalmente, jamais sofri com o antissemitismo, mas me sentia, sim, oprimido e isolado por causa dele." Com este volume, oferece-se ao público uma leitura indispensável.

Maio de 2015

CHRISTOPHER CLARK é historiador, professor da Universidade de Cambridge desde 1987. Nasceu na Austrália em 1960 e hoje vive entre a Inglaterra e a Alemanha. É autor de *Os sonâmbulos: como eclodiu a Primeira Guerra Mundial.*

Sobre esta edição

Este livro se constitui de duas partes. A primeira, "É para rir e chorar ao mesmo tempo", foi redigida por Victor Klemperer em 1942, quando preparava as suas memórias, reconstituindo, retrospectivamente, na forma de um diário, os acontecimentos que presenciou durante a revolução de 1919 em Munique. Esses textos, no entanto, permaneceram inéditos: eles não foram incluídos em *Curriculum vitae. Erinnerungen 1881-1918* [Curriculum vitae. Memórias 1881-1919] (1989); originalmente deveriam ser parte de um capítulo maior (*"Privatdozent"*) que não chegou a ser escrito, pois Klemperer teve de interromper abruptamente o trabalho em 1942 — o perigo de que o manuscrito fosse descoberto pela Gestapo se tornara grande demais.

A segunda parte, "Diário da revolução", também é constituída majoritariamente por material inédito. Trata-se dos relatos desse período revolucionário escritos por Klemperer, sob o pseudônimo de "correspondente A. B." (Antibavaricus), no calor da hora, para serem publicados no jornal *Leipziger Neueste Nachrichten*. Apenas um terço desses textos saiu no periódico de Leipzig — em meio aos tumultos revolucionários, com as vias postais obstruídas, o restante só chegou muito tarde ao destino — ou nem isso. O presente volume traz o conjunto desses relatos, que o autor reuniu sob o título *Diário da revolução*, e foi publicado na Alemanha apenas quase um século depois dos acontecimentos.

Esta tradução baseou-se na edição da Aufbau (Berlim, 2015), que seguiu os manuscritos e artigos de jornal impressos preservados na Biblioteca Estadual da Saxônia — Biblioteca Estadual e Universitária de Dresden (SLUB). Serviram de base para a primeira parte, "É para rir e chorar ao mesmo tempo", o original manuscrito de 1942 e a cópia datilografada feita por Hadwig Klemperer durante os trabalhos para *Curriculum vitae. Erinnerungen 1881-1918* (2 vols. Berlim: Rütten & Loening, 1989).

Serviram de base para os relatos contemporâneos publicados no *Leipziger Neueste Nachrichten* os exemplares impressos do jornal de 11 de fevereiro de 1919 ("Política e boêmia"), 12 de fevereiro de 1919 (edição vespertina; "Duas cerimônias em Munique"), 24 de fevereiro de 1919 (edição vespertina; "Munique depois do assassinato de Eisner"), 11 de abril de 1919 ("Os acontecimentos na Universidade de Munique") e 10 de abril de 1919 (edição vespertina; "A terceira revolução na Baviera"). Serviu de base para o assim chamado "Diário da revolução" de Klemperer (inclusive "Tragicomédia muniquense") o original manuscrito de 1919-1920. Contém também outros artigos para o *Leipziger Neueste Nachrichten* que Klemplerer acreditou que não chegariam mais a tempo ao jornal.

Todos os textos de 1919 foram reproduzidos na íntegra. A fim de evitar repetições desnecessárias, o texto de 1942 foi abreviado nas poucas passagens (indicadas por [...]) nas quais Klemperer incluiu trechos diretamente extraídos dos relatos contemporâneos aos eventos.

Munique 1919
Diário da revolução
É para rir e chorar ao mesmo tempo

Parte I
É para rir e chorar ao mesmo tempo (1942)

Revolução

[NOVEMBRO DE 1918]

Dormi sem ser perturbado até de manhã cedo, quando chegamos à fronteira alemã. Dali em diante tive durante o dia todo companhia variável e variada. Civis, soldados de diversas divisões, marinheiros. Todos, claro, falavam da revolução e, de todas as narrativas, pude deduzir que ela não se desenrolara em toda parte de modo tão pacífico como em Leipzig e Vilna; a maioria também pensava que os verdadeiros tumultos ainda estavam por vir, que o grupo Espártaco de modo algum se daria por satisfeito sem luta. Seis marinheiros afirmaram ter informações seguras de que alguma coisa estava para acontecer no dia seguinte em Berlim. Falei-lhes de minha intenção de pernoitar lá, em parte para visitar meus parentes, em parte para não privar minha mulher do sono. "É melhor passar reto", disseram-me, "quem sabe se amanhã o senhor ainda conseguirá pegar um trem". Assim, passei diretamente da estação Friedrichstrasse para a Anhalter; um velho carregador muito falante levou minha bagagem para o bonde na Dorotheenstrasse e me mostrou casas de onde haviam partido tiros. "Eu estava transportando uma carga bem na hora em que uma metralhadora começou a disparar. Me escondi no corredor de uma casa, e logo começaram a atirar também do outro lado, um monte de gente saltou do bonde e veio correndo para dentro, foi um aperto. Depois arrastaram três oficiais e um rapaz da

Jugendwehr[1] para fora, os encostaram no muro e depois os jogaram no Spree."

Eu tinha tomado a decisão óbvia de, após uma estada muito breve, seguir viagem de Leipzig e me apresentar ao regimento de Munique. Naquela instrutiva viagem aprendi também que não era mais de modo algum óbvio para um soldado seguir para o destino que lhe fora determinado; uma vez que escapulisse dos domínios de sua companhia ou bateria, ele podia ir para qualquer lugar e, caso não tivesse pretensões a soldo ou butim, considerar-se dispensado — pois que repartição iria querer pescar um indivíduo no meio do caos generalizado? Ambos fomos a contragosto para Munique e chegamos bastante cedo para o início do semestre; por outro lado, eu queria ter os meus papéis do serviço militar em ordem: assim, tentaria obter minha dispensa de Leipzig. Alegaria que alguns interesses fundamentais, familiares e profissionais, me prendiam por algum tempo em Leipzig. Mas, de início, pareceu que não ia dar certo. No comando da estação ferroviária e no comando-geral, aos quais me dirigi um depois do outro, encontrei a mesma situação. Uniformes cinza se apinhavam num bolo ao redor da mesa de soldados comuns com braçadeiras vermelhas. Os soldados escreviam sem parar, e de vez em quando, sem levantar os olhos ou pousar a pena, mandavam que nos afastássemos e xingavam, xingavam e mandavam que nos afastássemos. Claro que os que formavam o bolo ao redor da mesa respondiam com outros xingamentos, era um espetáculo incessante. "Eles não fazem outra coisa", disse-me um dos que tinham sido expulsos, "a não ser emitir passagens para as tropas de reserva e negar férias em casa. Prestaram juramento para esse sim-e-não, e outra coisa não se pode conseguir deles. Não existem casos excepcionais". Fui embora resignado. Então, na escada, um cabo veio ao meu encontro, um homem mais velho, em quem se podia reconhecer um intelectual. Ele devia ocupar algum posto na administração revolucionária, pois também tinha uma braçadeira

---

1 Tropas juvenis; organizações para formação pré-militar surgidas no período imperial, nos anos 1890, que tiveram grande incremento durante a Primeira Guerra Mundial.

vermelha. "Camarada", eu disse, "lá dentro não se pode fazer nada, eles só conhecem o próprio esquema – o senhor não poderia me ajudar?". E expliquei-lhe brevemente o que procurava ali. "É possível", respondeu ele. "Faça um requerimento por escrito ao Ministério da Guerra da Baviera e o traga para mim à tarde na seção de informações da estação. Cabo Hermann." Lá, então, ele escreveu na parte de baixo do meu requerimento: "O Conselho de Trabalhadores e Soldados de Leipzig solicita providenciar o mais breve possível". Carimbou a petição e o envelope, carimbou também meu bilhete de passagem e nele me concedeu cupons de alimentação "até segunda ordem".

Agora, por algumas semanas, eu podia viver à maneira antiga e no meu círculo antigo, mas melhor do que antes! A guerra chegara ao fim, eu estava verdadeiramente livre para meu trabalho, e meu trabalho tinha um objetivo seguro, pois, ainda que eu depositasse poucas esperanças de futuro em meu cargo de docente em Munique, ele ao menos era meu com certeza e não podia me escapar por entre os dedos como a cátedra em Gante.[2] E a revolução não poderia me perturbar. Eu não queria senão trabalhar, nada a não ser trabalhar, colocar a *Astrée*[3] em segurança, preparar um grande curso de história literária. De modo geral, eu conseguiria fazer isso, mas a revolução não podia ser de fato abolida, estava sempre lá, da manhã à noite. Pela manhã, o barbeiro me contou quantas espingardas ele comprara, a 10 marcos cada uma, de soldados que se desarmavam por iniciativa própria, e como passava adiante essas armas pelo dobro do preço. À noite fui a uma conferência na Associação de Filologia Moderna. Becker, ainda muito amigável, me convidara pessoalmente. Fui de uniforme, afinal não havia mais saudação obrigatória nem toque de recolher, e as roupas civis tinham de ser poupadas. Na escadaria, um estudante veio ao meu encontro todo agitado, perguntando-me se eu era membro

---

2 Em julho de 1918, Klemperer fora chamado a assumir um posto de professor na Universidade Flamenga de Gante ("docência durante o tempo em que durar a guerra"), mas o Ministério da Guerra da Baviera se recusou a liberá-lo do serviço militar.

3 Referência a *L'Astrée* (1607-1627), de Honoré d'Urfé (1567-1625). Klemperer trabalhava em uma monografia sobre esse romance pastoril francês.

do Conselho de Soldados, se queria me convencer de que o evento era inofensivo. Uma hora antes a conferência havia sido proibida, o acesso ao seminário interditado pelos militares, e só depois de súplicas telefônicas a medida equivocada fora suspensa. O Conselho de Soldados farejara uma reunião contrarrevolucionária, poucos dias antes houvera um confronto por causa do hasteamento da bandeira vermelha na universidade e o reitor renunciara. Mais tarde, num francês que lhe saía mais fluente dos lábios que o alemão, diante de um pequeno grupo de estudantes e professores, Becker fez um comentário totalmente apolítico sobre três poemas simbólicos de Victor Hugo. Naquela ocasião, aliás, ouvi falar pela primeira vez da situação acadêmica em Dresden, que me era de todo desconhecida. Para sua palestra, Becker mandou distribuir uma folha com os três poemas de Victor Hugo, como se fossem os textos do programa de um concerto de canções. Os folhetos haviam sido impressos originalmente para um curso de férias em Dresden, cancelado por causa da guerra. Havia na cidade uma Escola Técnica Superior com todas as ambições filosófico-literárias possíveis, entre elas até mesmo a de uma verdadeira cátedra de filologia românica. O ocupante dessa cátedra, Heiss, fora enviado para Dorpat durante a guerra, incumbido de algum cargo administrativo, e Becker o substituíra em Dresden. Esses pequenos lembretes da revolução, como o comércio de espingardas do barbeiro e a suspeição da Associação de Filologia Moderna, se repetiam dia após dia, e, da leitura dos jornais, bem como das conversas com Harms e Kopke, concluí que as tensões aumentavam por toda a Alemanha e que, assim como em Leipzig, em toda parte devíamos considerar a possibilidade da eclosão de uma guerra civil a qualquer momento. Mas Harms e Kopke observavam a situação com muita frieza, como que movidos por puro interesse profissional, e Hans Scherner, o eterno apolítico, estava totalmente ocupado com seus trabalhos escolares para o exame final do secundário, o *Abitur*, e minha mulher, em cada hora que lhe era dado passar em Leipzig, pensava apaixonadamente em seus estudos de órgão; assim, eu também reprimia todas as emoções e distrações e me concentrava com tanto mais afinco na preparação de minhas atividades docentes, uma vez que agora se começava a falar em cursos especiais para os estudantes que retornavam da frente de batalha. Fui uma única vez a uma assembleia política, queria conhecer os ativistas mais radicais. A Liga Espartaquista se reunia no Coburger Hallen, um local bastante deplorável em Brühl. A julgar pelos quadros nas paredes, o recinto comprido, enfumaçado, havia sido outrora a sala de reuniões de uma associação de ferroviários; acima de várias fotografias em grupo de maquinistas e condutores havia um grande retrato a óleo do imperador Guilherme com seu capacete de couraceiro e seu bigode Haby[4]. Em duas mesas compridas se sentavam cerca de 250 pessoas espremidas, fumando e bebendo cerveja, em sua maioria homens de idades variadas, sendo a parte mais significativa, provavelmente, formada por trabalhadores. A cena era tão completamente pacífica que ainda poderia ser a reunião regular dos ferroviários ou a conferência de uma associação dos criadores de coelho ou dos jardineiros ornamentais. O tom objetivo do palestrante também colaborava para essa suposição, desde que só se prestasse atenção ao som das frases longas e cuidadosamente construídas. Tanto mais forte foi o efeito de seu conteúdo sobre mim. O orador, um homem robusto de uniforme cinza, já entrado nos 40 anos, originário da Prússia Oriental, a julgar pelo sotaque, demonstrava aos seus ouvintes silenciosos a necessidade da guerra civil, do mesmo modo que um professor resolve uma equação matemática na escola. "Nós somos os pobres", dizia, "e os iletrados. A revolução não nos ajudou em nada, dela surgiu uma república burguesa, os governantes socialistas nos traíram, são no mínimo tão hostis a nós quanto os outros partidos de direita. A imprensa pertence aos proprietários e aos instruídos, sob a liberdade geral de imprensa só nós não somos livres. Os proprietários e instruídos formarão a maioria na planejada Assembleia Nacional, nela nós estaremos em minoria e teremos tão pouca influência quanto agora na imprensa. Não há nenhuma liberdade geral que possa nos ajudar, pelo menos por enquanto não há. Temos de impedir a efetivação

---

4   Arranjo de bigode com as pontas voltadas para cima, criado pelo barbeiro da corte François Haby (1861-1938).

da Assembleia Nacional, precisamos ter toda a imprensa em nossas mãos, e apenas em nossas mãos, precisamos edificar e manter de pé a ditadura do proletariado, até que toda propriedade seja estatizada e a instrução que nos negaram seja nossa. Isso só se pode alcançar com violência. E por que não deveríamos empregar a violência? Tanto sangue correu pela causa do capitalismo, por que não se deveria também sangrar um pouco pela causa do proletariado?". O público assentia, gritava "bravo!", aplaudia, tudo com seriedade, com convicção e sem entusiasmo excessivo. Um segundo orador, desta vez um civil, sem dúvida um mestre operário de Leipzig, começou a parafrasear a exposição do prussiano oriental. Pensei: "Que deplorável desperdício de tempo", e fui embora. Nenhum laço de simpatia me ligava minimamente àquelas pessoas. Eu esperava que o governo lograsse mantê-las sob controle sem derramamento de sangue. Mas, se não pudesse ser sem violência, então tínhamos de esperar que o governo fosse forte o suficiente para se afirmar e realizar as eleições para a Assembleia Nacional. Aquilo que o espartaquista depreciara desdenhosamente como liberdade burguesa era para mim o epítome do bem político e tinha de atender às necessidades de todos, inclusive do trabalhador proletário – e a liberdade só poderia se irradiar para um povo inteiro a partir do centro. Talvez a revolução tivesse acontecido num momento impróprio, mas eu aprovava os princípios do novo governo de todo o coração (assim como ainda hoje[5] amo a Constituição de Weimar). Se guardava alguma compreensão para os inimigos da República, ela só dizia respeito à oposição de direita. Tínhamos de suportar tanta coisa terrível por parte dos inimigos; talvez sem a revolução não tivéssemos sido entregues tão inermes à mercê deles. Não se poderia tê-la evitado sem o colapso interno? "Em Aachen (ou em Jülich)", anotei, "um comandante belga determinou, sob pena de execução sumária, que os civis alemães deviam prestar honras aos oficiais das tropas de ocupação dando-lhes passagem nas calçadas e tirando o chapéu. É certo que, no verão, Beyerlein me contou que nós fizemos exatamente o mesmo na Romênia,

5 Este texto foi escrito em janeiro de 1942.

e hoje Kopke me disse: também na Polônia – mas pensar nessa humilhação me deixa doente". Contudo, se simpatizava um pouquinho com a oposição de direita, era por presumir que ela não representava perigo para a nova forma de organização estatal. Ela iria formar – eu pensava – a ala direita da Assembleia Nacional, mas não se lançar à demolição da República. Não era difícil, porém, pôr de lado todos esses pensamentos e me entregar inteiramente à literatura francesa pré-clássica e clássica: apesar de todos os editoriais e assembleias, Leipzig estava imersa em profunda paz, e no café Merkur o farfalhar das folhas de jornais se misturava ao estalar das cartas de *Skat*[6]. Mas é verdade que minha entrega não me libertava totalmente da atualidade. "A crueldade dos franceses!", diz outra entrada no diário daqueles dias. "Como é possível que um mesmo e único povo revele tanta sede cruel de vingança e baixeza e produza uma literatura tão gloriosamente humana?" E com isso estava posta a questão a partir da qual meu programa de história literária e – a expressão ainda era desconhecida para mim, e até hoje ainda não sei quando e por quem foi utilizada pela primeira vez – *Kulturkunde*[7] deveria se desenvolver nos próximos anos.

[DEZEMBRO DE 1918]

Em meados de dezembro fui – sozinho e pelo menor espaço de tempo possível – para Munique. Havia quatro pontos em meu programa de viagem; um quinto, não previsto, se revelou depois como o mais significativo. Na viagem de ida aconteceu pela primeira vez o que viria a ser minha principal recordação de todas as viagens durante o período revolucionário: eu não conseguia encontrar um modo de embarcar no trem superlotado pela porta comum e pelos corredores apinhados de gente, mas

6 Jogo de cartas popular na Alemanha.
7 "Estudo da cultura ou civilização", forma de abordagem seguida por Klemperer também depois da Primeira Guerra Mundial, que deduzia da língua e da literatura, no sentido da etnopsicologia, os traços característicos atemporais dos povos.

sempre havia alguns camaradas em uniforme ou à paisana que me içavam para dentro ou me puxavam para fora através de uma janela. Da primeira vez, na noite de 10 de dezembro em Leipzig, essa operação foi realizada da maneira mais enérgica e adequada ao estilo da revolução: com um grito de "pra cima!" e um único tranco, dois marinheiros me puxaram para dentro do vagão. Das muitas e variadas cenas a que assisti durante o longo percurso cheio de atrasos, duas ficaram gravadas na minha memória. Um velho reservista saxão defendeu num tom lamentoso a opinião de que a Alemanha sofria a miséria da revolução para pagar seus pecados. Contestou-o rindo um jovem hamburguês petulante, a figura mais caricatural de um revolucionário que já me apareceu pela frente. A juba loura desgrenhada lhe caía sobre os olhos que chispavam de ousadia, em seu pescoço se arreganhava uma cicatriz vermelha, que tanto podia ter sido adquirida numa briga nas docas de sua cidade natal quanto na frente de batalha. Na manga do uniforme havia uma faixa vermelha, e pelo peito lhe descia uma gravata de mais de um palmo de largura cuja ponta chegava abaixo do cinto. O jovem disse que a revolução era uma felicidade e uma redenção. Ele mesmo fazia agora uma viagem de estudos pela Alemanha, para ver onde é que ela avançava com maior pujança. Gabou-se de ir a toda parte de graça, sempre havia um Conselho de Soldados que lhe dava passagem, alojamento e alimentação. A outra cena se desenrolou já em solo bávaro na manhã seguinte e parecia saída de uma comédia do período pré-naturalista. Um tio suábio de barbas brancas tinha ido buscar duas sobrinhas no pensionato e as levava para casa. Ele queria tomar conta das meninas, mas também tinha de vigiar as bagagens amontoadas no toalete. As mocinhas travessas aproveitaram sua ausência para fazer amizade com alguns soldados alegres, que lhes deram cigarros e fogo. As meninas riam, fumavam e tossiam, os soldados caçoavam, o velho suplicava e xingava, desaparecia no meio de uma frase, temendo pelas bagagens, depois voltava agitado e tornava a rogar e a repreender. Munique, aonde cheguei no dia seguinte ao meio-dia com três horas de atraso, oferecia a imagem mais surpreendente. Quantas vezes, no diário dos últimos anos, eu não comparara a vida efervescente de Leipzig com a sonolência pequeno-burguesa de Munique? Mas agora! Se tivesse o direito à incoerência, eu escreveria que agora as coisas haviam se invertido completamente: em Leipzig reinava uma tranquilidade sóbria, em Munique, ao primeiro olhar, nos deparávamos com o extraordinário, com o romantismo colorido e apaixonado. A cidade estava ricamente enfeitada com bandeiras multicoloridas. O azul-e--branco bávaro predominava, o preto e amarelo, cores oficiais de Munique, e o preto-vermelho-dourado da Grande Alemanha e da República não eram raros e estavam mais ou menos em pé de igualdade, o vermelho revolucionário só tremulava isoladamente, mas em pontos importantes da cidade, como a Residência[8] e o Ministério da Guerra. Não ficou claro para mim se o motivo dessa riqueza de bandeiras (na qual só faltava o antigo preto-branco-vermelho imperial) eram os regimentos que voltavam da frente de batalha ou a alegria pela rápida vitória da revolução. Dois obeliscos diante do Feldherrnhalle[9] enfeitados com ramos de pinheiro e a inscrição "1914-1918" aludiam ao retorno das tropas; a revolução era lembrada pelas muitas bancas de jornais e pelos vendedores de panfletos, e também pelas proclamações afixadas nos muros e os cartazes nas colunas de propaganda. Justamente ali onde antes se afixavam os comunicados militares estava agora pregada uma proclamação que ameaçava com o "uso implacável de armas de fogo" contra todos os perturbadores da ordem "de direita ou de esquerda", e nas colunas de propaganda se interpunha em formato gigantesco entre os demais anúncios um apelo à população para impedir, em virtude da falta de combustível, os "passeios insensatos com senhoras nos automóveis do Exército". Mas o essencial em si não era a grande quantidade de jornais, panfletos e cartazes, e sim o fato de que toda essa literatura encontrava um público alvoroçado. Em toda parte, nas colunas, muros e bancas de jornais, e no meio da rua ao redor de um pregoeiro, os grupos se

8 Palácio, no centro de Munique, que serviu de residência para os duques, eleitores e reis da Baviera.
9 Galeria dos Marechais, monumento ao Exército da Baviera localizado no centro velho de Munique.

reuniam em pencas; no miolo deles se discutia, de suas bordas as cabeças se esticavam em direção ao miolo. Nos meses seguintes, esses agrupamentos de gente em penca se tornaram um sinal familiar e seguro e sempre me faziam lembrar o borbulhar do leite fervente que precede em alguns segundos seu transbordamento; quando surgiam aqueles grupinhos redondos, eu sabia exatamente que, com toda a segurança, podíamos esperar para no máximo as próximas 24 horas uma greve dos motorneiros, quase com certeza uma greve geral e muito provavelmente um tiroteio. Naquele dezembro o fenômeno era inteiramente novo para mim, e naquele tempo também ocorria — e isso só mudou depois do assassinato de Eisner — sem nenhuma virulência venenosa. As pessoas pareciam apenas contentes e excitadas de uma forma inofensiva, era uma diversão, um carnaval político. O contentamento do público se evidenciava para mim sobretudo nos muitos homens em uniforme cinza, que se diferenciavam diametralmente de seus camaradas saxões. Traziam o quepe de campanha provocadoramente de través, tinham adornos vermelhos e azuis nos ombros e no peito, sob a forma de laços, faixas e florezinhas, levavam bastões de reservistas com longas fitas em todas as cores. (Apenas a combinação preto-branco-vermelho era de todo evitada, assim como também nos quepes de campanha faltava o laço imperial, restando apenas o bávaro.) O mais divertido era ver uma longa fila de soldados rasos junto à banca de um engraxate. Oh, como o *Schniggel*[10] se atormentava por causa do brilho das botas! Eu acho que ele sentia com maior orgulho a vitória da revolução e a liberdade conquistada quando punha o pé no apoio e deixava que o servissem. Entre os poemas italianos de Paul Heyse há o belíssimo "soneto de uma bota" no qual ele mostra a *grandezza* com que um pobre-diabo manda polir o calçado em plena rua. "Quem tem um *soldo*", assim dizem, mais ou menos, os versos finais, "pode mandar engraxar as botas, e quem

10 Gíria da Baviera para um soldado de infantaria.

40

pode mandar engraxá-las é um *signore*".[11] Eu critiquei tantas vezes a falsa *italianità* do Feldherrnhalle e da Ludwigstrasse, e tantas vezes as barrigas de cerveja e os corações de cerveja dos pequeno-burgueses de Munique. Talvez tenha sido um pouquinho injusto com eles, talvez tenham um componente italiano dentro deles, que dorme anos a fio sob uma almofada de banha e de repente arrebenta, ora para o bem, ora para o mal, de um modo ora cômico, ora trágico. E ainda outra coisa diferenciava a face urbana de Munique da de Leipzig e intensificava as tintas carnavalescas. Em Leipzig, os únicos soldados estrangeiros que encontrávamos eram grupos ocasionais de prisioneiros russos que tinham um aspecto miserável, humilde e muito insignificante. Em Munique flanavam militares franceses bem-vestidos. Eram uns sujeitos finos em uniformes finos, oficiais, sargentos escreventes, recrutas de alguma comissão; suas calças vermelhas brilhavam, suas jaquetas azul-cinzentas e seus sobretudos eram de corte impecável, o barrete macio de veludo do caçador dos Alpes tinha uma aparência ousada e não tão proletária quanto o quepe atravessado do *Schniggel*. Essa gente claramente irradiava vitória, mas não parecia vingativa, nem mesmo arrogante, apenas contente e satisfeita com sua acolhida. E isso por um bom motivo evidente, por não sentir sobre si olhares hostis, antes alguns de simpatia, e não apenas por parte das mulheres. Acho que, para os bávaros, a guerra já não existia; a guerra, afinal, fora um assunto do império prussianizado; o império acabara, a Baviera voltara a ser ela mesma, e por que o Estado Livre recém-saído do forno não deveria manter camaradagem com a República Francesa? Só por causa das brigas passadas? Uma briga não precisa levar uma camaradagem ao rompimento.

Mas foi só mais tarde que fiz todas essas reflexões. Num primeiro momento apenas registrei as imagens da rua. Meus pensamentos estavam todos ocupados com os quatro pontos a serem

---

11 Citação ligeiramente alterada de "*Wer Stiefel hat, kann sie auch putzen lassen,/ Und wer sie putzen lässt, ist ein Signore*" [Quem tem botas pode mandar engraxá-las,/ e quem manda engraxá-las é um *signore*], versos finais do primeiro soneto do ciclo *Bilder aus Neapel* [Imagens de Nápoles], "*Zwei Bübchen sah ich heute*" [Hoje vi dois garotinhos], de Paul Heyse.

resolvidos o mais rápido possível. No lembrete que eu guardava no bolso do colete estava escrito: 1) Universidade, 2) Ministério da Guerra, 3) Moradia, 4) Kraftmair. O ponto 4 foi o mais fácil e rápido de resolver. Kellermann, o protótipo do Kraftmeyer de Wolzogen[12], que eu só conhecia de suas férias em Urfeld como um contador de anedotas fumante de cachimbo, era professor da Academia de Música de Munique, e eu tinha de lhe perguntar se e como minha mulher poderia continuar ali os seus estudos de órgão. Ele me recebeu muito amigavelmente. Disse que providenciaria para que ela, que concluíra um curso no conservatório e se apresentara várias vezes como pianista alguns anos antes, fosse poupada das formalidades admissionais de praxe e das disciplinas secundárias obrigatórias, de modo a poder se dedicar de imediato e por inteiro à sua atividade. Também não faltariam alguns órgãos para ela ensaiar. (Nesse ponto Kellermann foi demasiado otimista, e as reclamações de minha mulher só acabaram quando ela encontrou refúgio na igreja luterana em Stachus. Ali ela se sentava e tocava, enquanto lá fora pipocavam os tiros, e as balas disparadas faziam cair o reboco das paredes.) Com quase a mesma rapidez, embora não com o mesmo sucesso, resolveu-se o ponto referente à moradia. Em uma única hora eu visitara os três grandes escritórios imobiliários da cidade: o Departamento Municipal de Habitação, o Banco dos Proprietários de Imóveis e a firma Lion. Todos eles juntos tinham apenas três apartamentos de três quartos a oferecer, dos quais o mais barato custaria 2 mil marcos por ano. Apartamentos maiores eram quase tão raros quanto esses, e proporcionalmente mais caros. Mas, para nós, 2 mil marcos já significava uma exorbitância. "Talvez", disse-me a senhorita no Departamento Municipal de Habitação, "o senhor pudesse alugar um ateliê com aposentos anexos". – "Sim", disse eu, "a senhorita pode me sugerir algum?" – "Nós não, mas talvez o Banco dos Proprietários de Imóveis ou Lion."

No Banco dos Proprietários de Imóveis me disseram: "Talvez Lion", e Lion tinha "ontem mesmo alugado o último ateliê".

---

12 Referência ao personagem do romance satírico *Der Kraft-Mayr* (1897), de Ernst Ludwig von Wolzogen (1855-1934). Mantivemos a variação da grafia conforme os originais de Klemperer.

Nossos móveis estavam desde o inverno de 1915 no depósito da Wetsch[13]. Deveriam ficar ali até o final de 1920. A falta de moradia crescia em toda parte. Eu aparecia com tanta frequência no Departamento de Habitação de Dresden que, por fim, o educado secretário me disse, desesperado: "Esta noite sonhei com o senhor, professor". – Os assuntos militar e acadêmico tomaram um pouco mais de tempo. Tiveram um bom desfecho, mas havia uma amargura especial, como diria Walther von der Vogelweide, subjacente a ambos[14]. Ao meu requerimento de dispensa aprovado pelo Conselho de Soldados de Leipzig, o Ministério da Guerra da Baviera não deu resposta. Por isso, fui até lá e apresentei ao escritório do supervisor meus papéis de Vilna e a ordem de Munique, graças à qual eu pudera escapar de Vilna. Em seguida um ordenança me levou à sala de espera do ministro, em cujas paredes ainda havia quadros de batalhas de outros tempos e onde reinava certo vai e vem. Algum tempo depois, um jovem em trajes civis me perguntou se eu tinha necessidade absoluta de falar com o ministro em pessoa. Respondi que isso não era preciso. "Então vou levá-lo ao ajudante." O ajudante, também jovem, em uniforme de tenente, mas atendendo pelo título de "Senhor Doutor", conhecia meu nome da universidade; foi muito cortês e prestativo e, depois de ter refletido brevemente, ditou a uma datilógrafa: "Encaminhamos o suboficial Klemperer, cujos demais documentos devem ser solicitados ao Gabinete de Imprensa de Vilna, ao 7º Regimento de Artilharia de Campo da Baviera, Divisão de Reserva, para efetivação de sua dispensa. O ministro da Guerra – por delegação". Assinatura ilegível. Durante dois dias, então, passeei horas a fio entre a velha conhecida Alphonsschule[15] e a Caserna Max II. A caserna exibia a bandeira vermelha ao lado da azul e branca e estava sendo enfeitada com ramos de pinheiro para o esperado retorno do regimento. A tropa

13 Empresa de mudanças de Munique.
14 Referência ao poema "Waz hât diu welt ze gebenne" [O que o mundo tem para dar], do trovador Walther von der Vogelweide (c.1170-c.1230).
15 Escola na rua Alphons, de Munique, onde em 1914 ficava o posto de recrutamento do 7º Regimento de Artilharia de Campo Príncipe Regente Leopoldo.

não tinha nenhum serviço a prestar além dessa ornamentação, só nos escritórios se ouvia o crepitar das máquinas; nas repartições não faltava trabalho, e os médicos e paramédicos tinham muito o que fazer. Um senhor idoso em trajes civis foi-me apresentado como comandante e tenente-coronel, mas a verdadeira autoridade era exercida pelo Conselho de Soldados. Na enfermaria, onde seria examinado, vi uma cena característica da nova situação. Um rapaz da roça, de cabelos ruivos escuros, se exibia seminu diante do jovem médico, tremendo dos pés à cabeça, não sei se por um ataque verdadeiro ou fingido. O médico dizia com um humor tranquilo: "Se o senhor é cabeçudo, eu também sou. Com tremedeira e braveza não vai conseguir nada comigo. Em vez de bancar o esperto, crie coragem e me peça com franqueza, que eu lhe concedo sua licença. Pense bem, meu amigo". Não sei do que lhe serviu pensar bem, naquele momento eu já havia terminado. Essas dispensas podem ser resolvidas de modo fácil ou difícil, e resultar favoráveis ou desfavoráveis, há uma infinidade de parágrafos, todos eles elásticos, e tudo depende da boa vontade dos inúmeros ditadorezinhos das repartições. Comigo tudo correu muito bem. Comoveu-me ser saudado cordialmente como camarada do campo de batalha por pessoas de cujo nome eu já me esquecera. O fornecimento de uniformes ainda estava sob a responsabilidade do gordo sargento Langermeyer, que desde o começo, em julho de 1915, simpatizara comigo. E numa repartição importante eu encontrei Zinsmeister, o amável serralheiro da Plouichferme[16]. Ele era agora suboficial e exibia a Cruz de Ferro de Primeira Classe; tinha uma aparência saudável, e seu uniforme estava muito bem cuidado, como se ele tivesse de se apresentar em cinco minutos diante do senhor major-general Hopf para uma revista das tropas. Zinsmeister me contou os destinos de nossa sexta bateria, que durante meu tempo no front levara uma vida tão pacífica. No decurso da última ofensiva e depois, nos combates que se travaram durante a retirada, ela se viu muitas vezes sob fogo cerrado e sofrera grandes perdas. Ruhl,

16 Posição de bateria em Flandres, onde Klemperer serviu de novembro de 1915 a março de 1916.

meu inimigo e meu destino, fora gravemente ferido[17]. Comi com Zinsmeister na cantina dos suboficiais e cabos: grandes bolinhos assados com calda de frutas, bem-arrumados em pratos de porcelana que ainda exibiam em azul as velhas iniciais PRL do regimento[18]. Como eu desejara, em 1915, me ver livre da barraca de alimentação e da tigela de lata da tropa e ser transportado para esse lugar e esses pratos e talheres mais finos! Agora eu era aqui um camarada com direito a voto e quase um hóspede festejado. Deram-me todas as demonstrações de amizade imagináveis. Calcularam uma boa quantia de meu soldo a ser paga retroativamente, recebi também antes da dispensa definitiva (para a qual eram necessários os documentos de Vilna) uma "licença para convalescença" de quatro semanas, o que significava mais soldo e passagens para Berlim, Leipzig e Kipsdorf ("segunda classe, porque o senhor está doente dos rins"), deram-me roupas de baixo de algodão e calças novas em folha, muito resistentes ("o senhor pode mandar tingi-las, não é sempre que se acha um tecido desses"), e novíssimas botas de amarrar com cadarços de cordão genuíno. Eram verdadeiras preciosidades. Recebi ainda cupons de alimentação ("não precisa prestar contas deles") e até mesmo alguma ração de pão *in natura*. Meu certificado de dispensa ("não precisa fazer mais nada") me seria enviado em janeiro pelo correio (e foi mesmo). Contudo, alguma amargura também veio se misturar a essas horas. Fui acometido de uma recordação muito vívida daquilo por que passara aqui em 1915, e cuja repetição tantas vezes temera. Lá estava o portão da Alphonsschule, em cujo interior eu esperava minha mulher todas as noites. Por muitos dias não pude sair, pois ainda não podia fazer a saudação, eu, o voluntário, o homem de 33 anos, o marido, o docente. Lá estava o galpão de armamentos pesados, diante do qual o capitão Berghausen havia berrado como num surto de cólera tropical

---

17 Depois de uma discussão com o suboficial Ruhl, Klemperer foi mandado de volta do posto de observação avançado para a bateria; o duro serviço lhe causou, no início de abril de 1916, uma pielonefrite que o levou a ser internado no hospital de campanha.

18 Iniciais de Prinzregent Luitpold (príncipe regente Leopoldo).

que eu deveria ir preso para o quartel. Lá estava — mas eu teria de reviver muito daquele capítulo da minha vida em que fui soldado, porque todas as lembranças dolorosas do meu tempo no Exército desabaram sobre mim naquele momento. "Tudo isso", anotei aquela noite, "estava apenas um pouco soterrado em minha memória. A revolução, ou pelo menos a revolução acontecida num momento tão fatídico, despertou pouca simpatia em mim, e, agora que se estão fazendo tantos esforços para o estabelecimento de uma democracia, a Liga Espartaquista me é mil vezes mais odiosa do que a direita e os oficiais na época de Guilherme. Mas hoje, quando de uma só vez todas as más recordações dos tempos de soldado me tomaram de assalto — e sei muito bem que, no fim das contas, muito pouca coisa de fato ruim me aconteceu —, hoje, todo o absurdo da revolução, todo mesmo, sem exagero, me pareceu compreensível".

Uma amargura mais duradoura e muito mais importante estaria relacionada aos meus assuntos acadêmicos, que eram os verdadeiros motivos de minha viagem. A universidade tinha planos para, em certa medida, aproveitar duplamente o ano seguinte. De fevereiro a maio seria oferecido um "semestre emergencial de guerra" com "cursos de recapitulação e continuação" para os estudantes que retornavam da frente de batalha, e, abreviando as férias de verão, se buscaria obter dos próximos outono e inverno o rendimento de dois semestres. Também estavam previstos cursos escolares, mas sem nenhuma exigência de lápis e estojo. Aqueles que voltavam para casa depois de terem sido convocados para a frente de batalha antes de concluir a escola secundária poderiam começar imediatamente qualquer curso, desde que se preparassem na própria universidade em cursos de caráter acadêmico para um exame de admissão informal. Vossler[19] me escrevera dizendo que seria bom se eu participasse pessoalmente da preparação do "cardápio" romanístico e também atendesse à convocação de uma reunião geral da faculdade. Reunidos num pequeno grupo, montamos rapidamente o programa. Coube a mim a disciplina de classicismo francês; aos alunos daquele

19 Karl Vossler, romanista e orientador de Klemperer em 1914. [NOTAS BIOGRÁFICAS NO FIM DO VOLUME]

preparatório eu não ensinaria apenas francês, mas, como discípulo de Muncker[20], alemão também. A reunião da faculdade, cuja expectativa me dera uma alegria orgulhosa, foi decepcionante. Mais tarde a experiência me mostraria que tais "reuniões gerais" ou "grandes reuniões" da faculdade não passavam de batalhas simuladas. As decisões eram tomadas de antemão em pequenos círculos de professores titulares, a discussão das *gentes minores*[21] era dirigida, e raramente haveria muita discordância, nunca havia nada a temer em uma votação, pois todo *Privatdozent* gostaria de se tornar algum dia *Extraordinarius*, todo *Extraordinarius* de ser um dia *Ordinarius*[22], os ministérios da Educação de cada um dos estados se orientam pelas indicações das faculdades, ou seja, dos professores titulares, e as faculdades de cada uma das universidades mantêm uma relação permanente entre si. Se o *Privatdozent* Schulze, de Tübingen, ganhar a reputação de encrenqueiro, não será só em Tübingen que ele jamais chegará ao grau de *Extraordinarius*, ele não será sequer cogitado para um posto em Erlangen ou Rostock. Nessa primeira reunião da faculdade eu ainda não tomei consciência da impotência dos não titulares, pois nenhuma decisão foi tomada. Nós nos reunimos no pequeno auditório (onde quatro anos antes eu fizera minha prova didática[23]), a maioria diante de uma mesa verde comprida, alguns nos nichos das janelas. Entre esses privilegiados estava Vossler, que naturalmente acenou para Lerch e para mim, convidando-nos a tomar lugar ao seu lado, e a um homem baixinho, de cabelos grisalhos e rosto balofo, ao mesmo tempo sensual e espirituoso, o eslavista Berneker. Durante horas a

20 Franz Muncker, germanista e um dos mestres acadêmicos de Klemperer.
21 Em latim no original: pessoas menores, usadas aqui no sentido de pessoas menos importantes.
22 *Privatdozent*: professor com habilitação, mas sem cátedra na universidade; pode lecionar de forma independente, mas não recebe remuneração do Estado. – *Extraordinarius*: professor associado; não tem remuneração fixa, os proventos dependiam das taxas pagas pelos estudantes. – *Ordinarius*: professor titular, ocupante de uma cátedra com salário fixo.
23 Processo para obtenção da habilitação. Klemperer fez sua prova didática em 5 de outubro de 1914. O texto resultante dela, "Elementos italianos no vocabulário francês da época da Renascença", foi publicado na *Germanisch--Romanische Monatsschrift*, 6° ano, 1914, pp. 664-677.

conversa, superficial e repetitiva, girou em torno de umas poucas questões, só a fome vespertina pareceu pôr fim aos pedidos de aparte, e por fim Clemens Baeumker, que dirigia a reunião na qualidade de reitor, classificou o evento como uma "gratificante manifestação e tomada de contato da faculdade em tempos difíceis!". Tratava-se da definição exata de "cursos de recapitulação" e "de continuação"; não se pôde chegar a ela e, no entanto, era uma questão de real importância, pois os cursos de recapitulação deveriam ser considerados como "exercícios", ou seja, a remuneração por eles seria menor, ao passo que os cursos de continuação seriam contados como cursos plenos dos semestres comuns. Um diretor ministerial havia comunicado a um *Ordinarius* a compreensão que o ministério tinha desse problema, mas a informação que ele deu não fora nem clara nem expressava necessariamente um compromisso. Um cavalheiro extremamente magro, imberbe, vestido com muita elegância, sugeriu confiar o problema a uma comissão para uma discussão de mérito. "O que é mérito?", perguntei a Vossler. "Uma expressão austríaca", ele respondeu. "E o que significa?" – "Absolutamente nada." – "E o que faz aquele cavalheiro?" – "É um mecânico de almas." Assim ele descrevia os filósofos e psicólogos de orientação naturalista. Lerch acrescentou algumas informações pessoais: "Kafka[24] transferiu para cá sua habilitação de Viena, foi oficial aviador das forças austríacas, sua mulher é amazona e muito moderna". (Em todo o meu tempo posterior em Munique não tornei a pôr os olhos em Kafka, mas alguns anos depois ele se tornou meu colega em Dresden, e ainda terei o que dizer a seu respeito.) Enquanto isso os discursos prosseguiam e tratavam agora quase exclusivamente de questões financeiras. Quem deveria pagar o docente por aqueles semestres emergenciais de guerra: o Estado ou o estudante? Os professores titulares não poderiam renunciar aos seus honorários em prol dos *Privatdozenten* não remunerados? Caso os estudantes, como nos semestres normais, tivessem de pagar taxas de curso como nos semestres normais – sobre quais bases deveria ser concedido o abatimento de toda

24 Gustav Kafka, filósofo.

a soma, de metade ou de um quarto dela? Sempre que uma questão havia sido discutida extensamente, decidia-se confiá-la a uma comissão para uma discussão do mérito. Uma assembleia dos funcionários dos correios ou da alfândega teria com certeza tido o mesmo nível que a nossa reunião da faculdade. Contudo, eu não me entediei. Lerch me chamou a atenção para esse ou aquele participante; para mim foi, de fato, uma tomada de contato. O homem magro com o rosto amargurado, que na maior parte do tempo dava ostensivamente as costas para o nosso grupo, era nosso colega de departamento mais próximo, Jordan, professor titular na universidade e diretor da Escola Superior de Comércio, inimigo ferrenho de Vossler, cuja cátedra ele mesmo ambicionara. Os três que estavam junto de Muncker, tão diferentes na aparência quanto nas convicções e nas produções, eram seus *Privatdozenten* em germanística: Strich, com cara de gato, um especialista em estética fino e já renomado; o pequenino esquilo Borcherdt, extraordinariamente operoso e produtivo, mas nada além da média, "no geral, satisfatório"; Janentzky, o gigante com a cabeça encaracolada (era preciso chamá-la de "cabeça"), um filósofo lento, pesado, na verdade um historiador da literatura filosofante. Com esses três eu troquei depois apertos de mão e algumas palavras. Então um dos professores titulares "pesos-pesados" que haviam se sentado bem perto de Baeumker me dirigiu a palavra com a maior amabilidade, como se fôssemos conhecidos de longa data, e me perguntou sobre minhas vivências no campo de batalha e meus planos. Era um homem velho, ou envelhecido, que de início não reconheci. Seu rosto estava bastante caído e pálido, apenas o nariz vermelho luzia; arrastava um pouco o pé esquerdo, as roupas pareciam um pouco gastas e malcuidadas. Só depois de ele ter me falado durante um bom tempo de maneira muito insinuante foi que me ocorreu: era Crusius, o orgulhoso helenista, o medalhão da faculdade, o ousado bardo da guerra de 1914. "*Passé*", disse Lerch, "estéril ele já é há muito tempo, ultimamente deu para beber, e sem dúvida já tem seu primeiro derramezinho no currículo". Quatro semanas depois, no café Merkur, li nos obituários do *Vossische Zeitung*: "Um importante pesquisador e professor universitário arrancado de suas atividades por um infarto". E um mês mais tarde, em seu famigerado chá, Martha Muncker[25] contou com venenosa complacência o final feliz de sua vida. Ele chegara em casa cheio de uma abençoada alegria e não pudera ir para a cama sem ajuda, adormecera sorrindo e na manhã seguinte não acordou mais. Devo dizer que prefiro muito mais a recordação do cordial *potator*[26] à do humanista afetado.

Edificante aquela reunião da faculdade certamente não foi, mas também não deu nenhum motivo para que eu me sentisse de algum modo oprimido. Não, a amargura que respingou na parte acadêmica dessa viagem a Munique veio exclusivamente de Lerch. Pois naquele 13 de dezembro ele introduziu o tema com o qual, em repetições sempre renovadas, me oprimiria o espírito durante um ano inteiro, sem tirar nem pôr. O luto pela morte de Sonja[27] e a alegria num sugestivo futuro do indicativo[28] estavam igualmente distantes de sua mente; ele parecia essencialmente tomado por um descontentamento social. O posto de *Privatdozent*, mais do que nunca, era sinônimo de indigência; a esperança de uma cátedra bem remunerada, menor do que nunca. Entre todos os *Privatdozenten*, contudo, a situação mais desesperadora era a dos romanistas, e entre os romanistas ninguém se oferecia mais inutilmente no mercado do que nós dois, discípulos de Vossler, a quem o pendor artístico e o frequente filosofar tornavam demasiado suspeitos para os verdadeiros filólogos. Havia apenas um ínfimo consolo para Lerch naquelas circunstâncias: entre nós dois, discípulos de Vossler, ele, como gramático, e por ter sido sempre pródigo com as citações de Tobler[29], tinha ao menos uma possibilidade mínima de algum dia conquistar uma cátedra; eu, ao contrário, como historiador da literatura — e nem ao menos da época antiga ou medieval da

25 De fato Magda (Magdalena) Muncker, esposa de Franz Muncker.
26 Em latim no original: beberrão.
27 A primeira esposa de Eugen Lerch, Sonja, que havia se suicidado em abril de 1918.
28 Lerch trabalhava naquela época em seu estudo *O emprego do futuro românico como expressão de uma obrigação moral*, que recebeu o prêmio da Fundação Samson da Academia Bávara das Ciências e foi publicado em 1919 em Leipzig.
29 Adolf Tobler, romanista e autor do *Dicionário de francês antigo* (1915).

França, e sim da moderna, pois Montesquieu[30] pertencia, afinal, para os verdadeiros filólogos, quase que à literatura mais recente –, não, de fato, se eu não pudesse viver de minha fortuna particular, era melhor mudar de ramo! Eu não tinha fortuna alguma; pensei em minhas esperanças baldadas na Posnânia[31] e em Gante, pensei nas considerações de Becker[32] e na fracassada cavalgada através do lago de Constança[33], pensei em minha torturante dependência de meus irmãos[34], pensei no aumento diário dos preços, e me senti muito mal.

Esses foram os quatro pontos do meu programa de viagem. Ao quinto resultado, não planejado, eu cheguei graças a Hans Meyerhof[35]. Ele continuava a levar sua velha, miserável e acuada vida de traficante no antigo covil de contrabandistas, mas se tornara outro homem: estava radiante de contentamento e entusiasmo pela vida. A revolução e o papel que lhe coube nela o faziam feliz. Ele era um admirador entusiasmado

---

30 Estudado por Klemperer em sua tese de habilitação (1914-1915).

31 Durante a época em que fora leitor (professor comissionado pelo governo para atuar no exterior) na Universidade de Nápoles (1914-1915), Victor Klemperer alimentara esperanças de ser chamado para a Academia Real da Posnânia.

32 Em sua autobiografia, *Curriculum vitae*, Klemperer narra uma conversa com o romanista Philipp August Becker, de Leipzig, em junho de 1918, durante a qual este se referiu ao chamado de Klemperer para Gante como "um golpe de sorte especial". Quando Klemperer lhe perguntou por que, ele lhe explicou, com uma precisão exaustiva: "Por que o senhor só poderá obter uma cátedra no exterior, e não pelas vias normais. O senhor é discípulo de Vossler, que tem a má fama de ser excêntrico, nada professoral. O senhor foi jornalista por oito anos antes de iniciar sua carreira acadêmica, o senhor se tornou *Privatdozent* com demasiada rapidez e facilidade [...] o seu Montesquieu é antes uma obra de escritor que um trabalho rigorosamente filológico – o senhor pensa que lhe perdoarão tudo isso? Mas tudo se arranjará com esse cargo no estrangeiro [...]".

33 Em alemão, a expressão "cavalgada através do lago de Constança" significa um empreendimento arriscado, cujos perigos só se tornam visíveis após sua realização; baseado em uma balada do século XIX de Gustav Schwab, "Der Reiter und der Bodensee" [O cavaleiro e o lago de Constança].

34 Os médicos Georg (1865-1946) e Felix Klemperer (1871-1931) deram apoio financeiro regular ao seu irmão Victor até sua contratação como professor titular na Escola Técnica Superior de Dresden.

35 Amigo de Klemperer desde o tempo em que ambos eram aprendizes numa importadora em Berlim; naquela época, vivia com sua companheira, Elena Marwerth, em Munique.

de Eisner, estava convencido de que do Estado popular da Baviera surgiriam a liberdade e a felicidade da Alemanha e da Europa. Conhecia pessoalmente o governador, conhecia pessoalmente todas as principais figuras do novo regime; eles se aconselhavam com ele, o punham a trabalhar por eles. Naqueles três dias de dezembro em Munique eu estava um tanto cético e pensei que Hans bravateava um pouco; mais tarde reconheci que ele de fato não exagerava a própria importância. Desde a ascensão de Eisner até o colapso da República dos Conselhos, ele desempenhou verdadeiramente o papel de um – para expressá-lo de modo paradoxal, mas preciso – espectador ativo. Muitas vezes admirei seu estranho idealismo. Seria fácil para ele obter algum cargo lucrativo, e mesmo um cargo elevado. Testemunhei diversas ocasiões em que essa oportunidade lhe foi oferecida. Ele sempre recusou, sempre com a mesma justificativa: "Sou um contrabandista, portanto minhas mãos não estão limpas o bastante para governar". Mas predisposição idealista para o sacrifício não era o único motivo para tal recusa. Claro que a mera observação não podia satisfazer Hans completamente e ele se sentia tentado a participar do jogo. Mas a ênfase aí estava no "jogo"; ele tinha um temperamento por demais displicente e dispersivo para tomar a si uma responsabilidade plena, era também demasiado brando e, apesar de todo o seu entusiasmo pela causa da revolução, demasiado cético. Assim, ele se contentava em realizar eventualmente pequenas tarefas em caráter privado, anônimo e sem remuneração. Por isso, a paz entre nós dois se manteve intacta. Eu sabia que seu radicalismo sempre seria encenado e nada sangrento; ele, por sua vez, podia estar certo de que eu, a quem ele chamava de "burguês reacionário", jamais o colocaria em perigo. No período que se seguiu, algumas vezes batemos de frente um com o outro, mas a inimizade nunca durou mais de uma noite.

Por mais cheios que estivessem meus dias em Munique, Hans não desistiu da ideia de que eu deveria acompanhá-lo em duas assembleias. Na primeira vez Elena foi conosco, e sua surdez nos garantiu lugares na primeira fila. O "Conselho Político dos Trabalhadores Intelectuais" – Hans era membro e tinha muitos conhecidos no público – formado por cerca de duzentos senhores e senhoras, de modo algum simplesmente homens e mulheres, todos eles reconhecíveis como intelectuais, cientistas, artistas, boêmios, reunidos num elegante salão do hotel Bayerischer Hof. Na mesa diretora meia dúzia de literatos, no púlpito um jovem, escanhoado e calvo, com apenas uns parcos cabelos louros, pesados olhos azul-acinzentados, boca enorme, mandíbula larga e vigorosa, tom e postura de um oficial à paisana, mas não um oficial do *Simplicissimus*[36]. Era Bruno Frank. No início do ano eu assistira no teatro de Leipzig ao seu drama *As irmãs e o estranho*, uma obra de fortes tons schnitzlerianos[37], mas pessoal e significativa. Agora ele lia com boa entonação um ensaio: "Revolução e amor ao próximo"[38]. Era um ensaio, não uma palestra, era um trabalho literário, não político. Não era meramente retórico, em alguns momentos se esforçava para tratar de problemas concretos e econômicos. O burguês tinha de "abrir sua carteira", tinha de renunciar voluntariamente às vantagens da propriedade, da cultura, da vida rodeada de beleza, tinha de reconhecer o domínio da coletividade. Tudo aquilo era muito belo e caloroso, expresso sem um excesso de beleza e permeado de finas observações pontuais e citações interessantes — entre elas sobressaía um poderoso trecho do discurso de Victor Hugo sobre Voltaire[39] —, mas era apenas um belo exercício oratório sobre um tema geral, era literatura. Então entraram em cena os debatedores. Um disse: "Em 1914 o senhor escreveu poemas guerreiros para a Alemanha, e agora o senhor é revolucionário e simpatiza com os sovietes!". Frank respondeu com serenidade: "Naquela época eu acreditei na inocência da Alemanha", e a guerra o transformara interiormente. No mínimo uma dúzia de oponentes o acusara de ter permanecido na generalidade e de ter falado de um modo puramente estético. O mais interessante era que toda aquela

---

36 Semanário satírico-político de Munique; era a publicação mais crítica da sociedade alemã, em especial antes de 1914.

37 Referência a Arthur Schnitzler (1862-1931), dramaturgo e contista austríaco.

38 O ensaio de Bruno Frank foi publicado em 1919 em Munique sob o título de "Von der Menschenliebe" [Do amor ao próximo].

39 Discurso comemorativo do centésimo aniversário da morte de Voltaire feito por Victor Hugo em 1878.

dúzia também permanecia na generalidade. Então um homem correu para o púlpito tirando do bolso ainda durante a corrida um grosso manuscrito. Começou de imediato e sem rodeios a ler um memorando sobre os males da Constituição universitária. Dois minutos depois, foi interrompido pelos dirigentes e teve de sair de cena. Também o orador seguinte foi interrompido diversas vezes, tanto pela mesa diretora quanto pelo público, mas ele não se conformou e falou durante um quarto de hora com um *páthos* estudado, mas num alemão incorreto, em louvor da Constituição soviética da Rússia. Era um velho de aparência genial com uma cabeleira branca. "O pintor Stückgold", sussurrou-me Hans, "agente oficial a soldo dos russos". O homem não me pareceu nada simpático. Contudo, foi o único naquele "conselho político" que tratou de um assunto político. Depois dele um homem muito jovem pediu a palavra. Disse: "O povo não quer saber de nós, pessoas instruídas; tive algumas experiências como professor voluntário em cursos populares, e foram experiências muito ruins". Foi a única vez que a indignação tomou a sala, e choveram palavras grosseiras como "pouca-vergonha" e "pirralho". Não pude deixar de pensar que faziam tanto barulho porque ele lhes pusera o dedo na ferida. Logo em seguida retornou a paz literária, e o desfecho forneceu a nota cômica. Uma loura burrinha se apresentou, graciosa feito Margarida[40], como bibliotecária de uma sala de leitura pública e afirmou ter tido as experiências mais positivas com o desejo de instrução do povo. Ela havia registrado essas impressões felizes e edificantes numa série de poemas – tinha já diante de si um caderno e se pôs a declamar desenfreadamente uma versalhada sentimental e patética das mais rasas. O público ria, alguns gritavam "Chega!", outros, "Liberdade de expressão!", outros ainda, "Mas não liberdade de poesia!" – a moça não se deixou perturbar e entoava poema atrás de poema, até que por fim toda a audiência começou a aplaudir tão longa e ruidosamente que os aplausos encobriram tudo e a obrigaram a parar. Imediatamente o diretor declarou encerradas as inscrições para falar e deu por terminada a "noite estimulante"

---

40 Referência à personagem de Gretchen (Margarida) do *Fausto* de Goethe.

com um agradecimento aos oradores e a todos os debatedores. No final até eu caíra no riso, mas depois senti que todo aquele evento fora algo de constrangedor e indigno. Por que um círculo literário fingia fazer política, por que uma gente burguesa até a medula flertava com o proletariado adotando o nome de "Conselho Político dos Trabalhadores Intelectuais"? Hans defendeu aquelas pessoas de minhas críticas. Elas sentiam ter mais afinidades com o proletariado do que com a burguesia capitalista – afirmou –, e, ainda que não fossem políticas, haviam se reunido tendo justamente como objetivo sua própria politização. Então eu lhe disse que deveria me mostrar os políticos prontos e acabados de seu partido. "Amanhã" – estava marcada uma assembleia eleitoral dos independentes, e o próprio Eisner iria falar. Os social-democratas independentes eram originalmente, ou seja, durante a guerra, a ala radical dos socialistas que haviam se dividido sob a liderança de Liebknecht e agora faziam oposição aos socialistas governistas ou majoritários no Reich e na Prússia, mas eram acossados eles próprios pela Liga Espártaco – ou "Espartaco", como se dizia em Munique –, de orientação russa; os independentes eram o verdadeiro partido governista de Eisner. Desta vez, no hotel Trefler da Sonnenstrasse, onde em tempos normais aconteciam os bailes de carnaval, o que vi não eram algumas centenas de literatos bem-educados, e sim verdadeiramente, aos milhares, o povo de Munique – e um povo em efervescência. Quando chegamos, por volta das sete horas, a entrada principal já fora fechada pela polícia por causa da superlotação da casa, mas é claro que Hans conhecia uma entrada lateral passando pelos cômodos da administração, e o segurança postado ali acreditou, sem reservas, no "amigo pessoal do governador" e na "mensagem pessoal". Fomos parar logo abaixo do grande estrado sobre o qual estavam colocados o púlpito e a mesa diretora. O salão enorme e as galerias ao seu redor estavam entupidos de gente. Ao longo da parede lateral esquerda do salão haviam sido colocadas cadeiras enfileiradas; junto da direita, mesas nas quais se comia e bebia. Em toda parte, à esquerda e à direita e no largo corredor central, uma multidão compacta se aglomerava entre as pessoas sentadas. E garçonetes com seis, oito e até dez canecas de cerveja nas mãos abriam caminho através daquele ajuntamento aparentemente intransponível; era uma formidável demonstração de força. Também na beira do estrado havia gente sentada, com as pernas balançando sobre o salão. Um par de elegantes botas de cano alto bem embaixo do púlpito me parecera familiar; de um par como aquele alguém me contara: "Eu o tirei de um oficial". Então notei também as pontas dos laços vermelhos caindo sobre os joelhos pertencentes às botas, e por fim descobri a grande cicatriz no pescoço: meu companheiro de vagão na vinda para Munique viera parar ali em viagem de estudos através da revolução e fazia uma figura pitoresca. Da mesa diretora uma mulher abriu a reunião e deu a palavra ao ministro para assuntos sociais, o companheiro Unterleitner. Era um homem de uns 30 anos e barba castanha, cuja língua era tão bávara quanto seu nome. Começou gritando umas frases entrecortadas, a fim de alcançar todo o imenso salão, mas o conteúdo de sua fala era concreto. Defendeu os independentes à direita e à esquerda. Ficou mais inflamado ao falar da contribuição das mulheres, algumas de suas frases eram claramente dirigidas à pobre Sonja Lerch, e ele foi tomado de um espantoso entusiasmo, verdadeiramente religioso, quando falou de seu governador. Algumas de suas frases se gravaram literalmente em minha memória, e algumas horas mais tarde eu as anotei. "Kurt Eisner é a espada da revolução, não apenas da bávara — ele derrubou todos os 22 tronos da Alemanha. Ele é nosso guia genial, eu estarei para sempre ao seu lado e para chegar até ele terão de passar por cima do meu cadáver." Mais espantoso do que a paixão desse único orador foi o aplauso estrondoso, estrondoso por longos minutos, com que cada uma de suas declarações de amor por Eisner era recebida. Mais uma vez, aquela ali era uma verdadeira assembleia popular bávara, visivelmente composta de trabalhadores, artesãos, pequenos comerciantes — e Eisner havia sido redator do *Vorwärts* berlinense, era "prussiano e judeu" (para muitos bávaros, eram sinônimos); como surgira aquele entusiasmo muniquense, que tipo de homem era o governador? Discutiu-se então a questão de conceder liberdade de fala ou estabelecer um limite de tempo. Decidiu-se pela liberdade de fala, mas essa decisão não foi respeitada. Um homem esguio, doce, rouco, que defendia a causa dos socialistas majoritários, foi calado aos berros: "Burguês, burguês, burg!". "Eu sou um socialista!" – "Um jumento, isso sim!" E assobios estridentes e de novo: "Burguês, burg!" até que o homem sumisse. Depois dele veio o "dr. Levien, da Liga Espartaquista". Uma beleza romana, loura, de olhos azuis, fria e petulante. Jovem e esbelto, em uniforme de campanha cinza que lhe caía muito bem, de colarinho alto, rosto imberbe, sem rugas, olhos grandes imperiosos, tom imperioso e penetrante, gestos largos e vigorosos, *páthos* contagiante, "Camaradas, companheiros, cidadãos, cidadãs", muitos ataques contra "os Ebert e Scheidemann, os cães sanguinários de Berlim!", muita indignação contra o excessivamente tímido, em verdade reacionário Eisner, um hino para os injustamente difamados bolcheviquís (oxítono apaixonado), réplica pronta para qualquer aparte hostil – "O senhor esteve na Rússia?" – "Eu nasci em Moscou." – "Bávaro o senhor não é." – "Esse é um casaco bávaro." – e ele puxava o uniforme com os punhos cerrados. Aquele homem, que de imediato me causou a impressão mais desagradável, era, na primavera de 1919, no auge do seu poder, preferencialmente chamado de judeu russo pelos jornais de direita alemães. Na verdade, não era russo nem judeu. Descendia de uma família cristã alemã radicada em Moscou, tinha lutado parte da guerra na frente de batalha ao lado dos *Leiber*[41] de Munique, durante a outra parte prestara serviços no serviço administrativo no Leste; cedo se ligara a revolucionários russos que haviam sido seus colegas na Universidade de Zurique e em dezembro de 1918 já era considerado o líder dos espartaquistas de Munique. Depois de Levien falou um velho membro do Conselho de Soldados. O que ele disse era incompreensível; o salão ia ficando cada vez mais barulhento, mais quente, eu via jaquetas de uniforme abertas, rostos excitados, ouvia discussões particulares aqui e ali. De repente faz-se silêncio, todos olham para uma porta lateral, onde se formara uma pequena aglomeração. Um sussurro, como o de uma ordem transmitida

---

41 Nome familiar dado aos membros do Regimento de Infantaria da Guarda Real Bávara.

na linha de fogo: "Eisner chegou!". O orador se interrompe e grita de súbito: "Viva nosso governador! Hurr...", se interrompe mais uma vez e então: "Viva, viva, viva!". O salão e as galerias rugem com ele. Eisner então passou rente a mim, me roçando com a manga do casaco. Depois pude observá-lo por um bom tempo a três passos de distância. Um homenzinho delicado, pequenino, frágil, encurvado. Fazem falta ao crânio calvo dimensões mais imponentes, o cabelo de um cinza sujo cai pela nuca, a barba arruivada vai ganhando tons de um cinza sujo, os olhos pesados, de um cinza turvo, olham através das lentes dos óculos. Nada de genial, nada de venerável, nada de heroico se pode descobrir em toda a sua figura, um homem medíocre, alquebrado, ao qual dou pelo menos 65 anos de idade, embora ainda esteja no começo dos 50. Não parece muito judeu, muito menos germânico como seu oponente Levien, ou bávaro como seu devoto Unterleitner. Mas, enquanto faz piadas ao redor do púlpito (não fica parado atrás dele), ele me faz lembrar de caricaturas de jornalistas judeus, de Schmock, Wippchen, dr. Ulk[42].

Comunicam-nos que ele precisa descansar por alguns minutos, enquanto isso a discussão deve prosseguir. Assim se faz e, algum tempo depois, ele reaparece. Fala baixo e, apesar disso, parece ser compreendido por todos, porque no salão antes tão barulhento todos se calam e até, literalmente, prendem a respiração. Ele diz que acabou de terminar seu trabalho, não ouviu nada do que foi tratado até agora aqui, nem o que foi dito contra ele, de modo que pode recusar e refutar tudo. Esta é a primeira piada de muitas, para ele as piadas quase sempre substituem o *páthos* e são sempre recebidas com um júbilo agradecido. Mas, se ele se torna patético, sempre acrescenta pelo menos uma dose de cômico ao *páthos*. "... Se alguém me quiser empurrar

42 Schmock: designação do tipo do jornalista sem convicções, por analogia com a personagem de mesmo nome da peça *Os jornalistas* (1854), de Gustav Freytag; não raro utilizada com subtons antissemitas. – Wippchen: a figura do correspondente Wippchen foi a criação mais bem-sucedida do escritor humorístico Julius Stettenheim (1831-1916), em *Os relatos completos de Wippchen* (1878-1903). – Dr. Ulk: figura recorrente no jornal satírico *Ulk* (1872-1934), criada pelo ilustrador Hermann Scherenberg (1826-1997).

para a frente, eu não o temerei, estou sempre à frente de qualquer empurrão, pois sou um visionário, um entusiasta, um poeta!" (Aplausos estrondosos.) "Não falo como governador, falo como independente e traidor. Eu deveria conclamá-los a votar nos independentes, mas não faço isso. Sigam sua própria opinião, e vamos nos unir!" A cada vez novas explosões de aplausos. E agora um verdadeiro tom cordial: "Me deem só mais um pouco de tempo, eu gostaria de poder trabalhar como seu governador só mais alguns dias". Alguém grita da galeria: "Cem anos". Eisner se inclina imediatamente com um largo movimento dos braços, feito um palhaço: "Vou me esforçar para atender ao seu amável pedido". E mais uma vez a casa inteira exulta. Hoje acho difícil ver a atuação de Eisner como meramente cômica, pois menos de cem dias depois aquele homem festejado, cujas intenções honestas ninguém poderia negar, estaria caído, morto a tiros, sobre o pavimento da rua diante de sua residência. E, no entanto, era absolutamente cômico, cada vez mais cômico ver um jornalista literário seguro de seu sucesso tagarelar ("Mas sinto que começo a fazer um discurso, embora não quisesse dizer nada"), e aquele jornalista havia derrubado o trono bávaro e agora era o senhor da Baviera, e seu público encantado — eu tinha sempre de repetir isso a mim mesmo — não era o grupinho de literatos dos "trabalhadores intelectuais", e sim, literalmente, o povo de Munique. Só ao fim de sua exposição Eisner deixou de lado qualquer ingrediente cômico e falou com toda a seriedade e percuciência. Exortou seus ouvintes a comparecer no próximo sábado ao Teatro Nacional, onde Andreas Latzko, o autor de *Homens em guerra*, o Barbusse alemão, iria falar; era de uma importância extraordinária ouvi-lo, pois tudo dependia da "renovação das almas". Um Bruno Frank poderia dizer exatamente o mesmo no "Conselho dos Trabalhadores Intelectuais". Mas dificilmente teria sido ouvido lá com o mesmo entusiasmo dos milhares de presentes aqui no Trefler. — Antes eu considerava os bávaros, ou pelo menos os muniquenses, uma massa totalmente desprovida de alma e nada problemática; naqueles três dias eles não se tornaram especialmente mais simpáticos para mim, mas sem dúvida mais enigmáticos. Na viagem de volta entabulei conversa com um cavalheiro cujas várias cicatrizes acima do pequeno cavanhaque revelavam ser um antigo membro de uma corporação estudantil. Era de índole bondosa e afável; logo fiquei sabendo que ele ocupava uma cátedra em Munique para alguma disciplina sobre pragas florestais e, no momento, era decano. Chamava-se Escherich, seu nome se tornaria conhecido no ano seguinte por causa da organização fundada por ele, a Organização Escherich, uma *Heimwehr*[43]; mas estive com ele apenas nas poucas horas de trem entre Munique e Regensburg e não voltei mais a encontrá-lo. Escherich falava de Eisner sem ódio, sem sequer desdém. Era um tagarela sem ideias próprias, já como redator do *Vorwärts* fora incapaz de escrever um editorial próprio, não tinha futuro, o homem do futuro na Baviera já estava diante da porta: o dr. Heim, organizador da Liga Camponesa, de centro, mas não "preto"[44]; também protestantes e judeus pertenceriam à Liga Camponesa. Perguntei a Escherich como se explicava que Eisner tivesse chegado ao poder. A resposta, insuficiente, foi que o rei Ludwig[45] teria feito uma administração totalmente ruinosa e se tornado muito impopular pela prussianização. – "Como?" – Sim, o rei estaria nos últimos anos da guerra de todo possuído pela ideia de se tornar "Ludwig, o Expansionista". Ele conseguiu que lhe prometessem Estrasburgo para a Baviera, e como preço para isso comparticipou da política da Prússia. Os prussianos sempre foram um infortúnio para a Baviera, e todos estavam fartos de dar seu sangue pela Prússia. – "Mas Eisner é ele próprio um prussiano!" – Justamente por isso já era naquele momento um homem morto. – "Mas como ele chegou ao poder? O senhor precisava ter ouvido como ontem milhares de pessoas se entusiasmaram com ele." Escherich riu: aquilo não passava de um "divertimento" muniquense! Passaria logo, e Munique não é a Baviera. Ele mesmo queria descansar de Munique por alguns dias. Regensburg oferece uma "Idade Média petrificada" tão

---

43 Guarda Local: unidades paramilitares armadas, muito frequentes em especial na Áustria do entreguerras.
44 Referência à cor do Partido do Centro Alemão (DZP), de orientação católica.
45 Ludwig III (1845-1921), rei da Baviera de 1913 a 1918.

bela. Continuei a pensar horas a fio no enigma da alma do povo da Baviera. Veneravam um rei louco[46], que construiu dispendiosos castelos de contos de fada, e expulsavam um rei que queria conquistar Estrasburgo para eles, um "expansionista", por fazer a política da Prússia. E agora, em seu lugar, veneram um prussiano emigrado que em seus discursos – "sou um visionário, um entusiasta, um poeta!" – lhes construía castelos fabulosos da felicidade humana. Mero divertimento muniquense, dissera Escherich, não algo que interessasse a todo o Estado. Sim, mas teria Eisner de fato se imposto e afirmado por um mês e meio que fosse, caso contasse apenas com o apoio de Munique? E até que ponto era admissível fazer uma separação entre bávaros e muniquenses? Claro que a diferença entre a população rural e a citadina, entre as cidades pequenas e a capital dos reis é muito grande em toda parte, claro que na hora da raiva se pode acusar os muniquenses de serem a parte degenerada do povo camponês da Baviera, mas com tudo isso ainda seria absurdo querer negar o íntimo parentesco entre o décimo da população bávara que vivia na capital e os restantes nove décimos. O enigma dos ânimos do povo bávaro, ou da alma desse povo, era insolúvel.

Devo ter falado de modo muito vívido no café Merkur sobre as impressões políticas destes dias, pois Harms disse espontaneamente: "Quando estiver em Munique, o senhor deveria escrever relatos para nós". Respondi de modo igualmente espontâneo: "Então eu os assinarei como seu Correspondente A. B., abreviatura de *Antibavaricus*". Rimos e passamos a falar de outros assuntos. Naquele momento não dei nenhuma importância às palavras de Harms. A política submergiu outra vez para mim. Agora que, em seis semanas, deveria ocupar pela primeira vez uma cátedra universitária alemã de verdade – em Nápoles apenas dera, e em Gante apenas teria dado aulas escolares –, agora eu precisava me concentrar seriamente. A distância entre o material armazenado e uma preleção pronta é gigantesca, e em nosso primeiro curso não confiamos nada ao improviso do momento e à mera lista de palavras-chave.

46 Ludwig II (1845-1886), rei da Baviera de 1864 a 1886.

O trabalho na biblioteca universitária e algumas pesquisas especializadas me levaram de volta a Becker e Neubert, recém-habilitado e recém-casado. Neubert se queixava da conduta caprichosa e imprevisível de seu *Ordinarius*; a mim, Becker continuava a tratar da maneira mais amigável e solícita, meio paternal, meio camarada. Eu não queria acreditar nas coisas que diziam a seu respeito. É bem possível que ele fosse um alcoólatra um tanto frágil, mas de tempos em tempos deixava entrever um traço de genialidade, e muitas vezes dava mostras de alguma infantilidade. Certa vez o encontrei profundamente deprimido. Não podia mais produzir, andava de um lado para outro horas a fio sem ter nenhuma ideia, estava insatisfeito com o nível de suas aulas — "o peso que sentimos quando já fomos capazes de algumas coisas!". E, como uma criança, por um momento botava para fora a língua enrolada. Eu o contestava, o consolava, e ele se deixava consolar de bom grado, se animava outra vez e falava de meus planos de trabalho. — Comemoramos um Natal bonito e cordial com os Scherner. A eles, ou melhor, ao curso secundário tardio de Hans Scherner devemos duas novas relações que pouco depois se tornariam importantes para nós. Nos dois casos se tratava de pessoas cujo destino a guerra influenciou decisivamente, mas que naquele momento estavam ocupadas demais com seus assuntos particulares para se interessar por política. Annemarie Köhler, uma jovem muito graciosa e cheia de vida, recém-entrada nos 20 anos, era colega de escola de Scherner; Johannes Thieme, um jovem magro e esfomeado de 18 anos, era o professor de matemática de ambos no curso preparatório. Annemarie nos foi apresentada como a jovem com um dote de 1 milhão. O milhão não era de todo um exagero, pois a família Köhler era proprietária havia gerações de uma grande e florescente fábrica de tecidos em Crimmitschau, mas planos de se casar eram algo muito distante para a robusta e enérgica Annemarie. Durante a guerra ela atuara como enfermeira da Ordem dos Joanitas, achara a profissão gratificante mas não de todo satisfatória, e agora abria caminho para o estudo da medicina. Isso não era mais nem de longe tão difícil e raro de acontecer quanto nos tempos de Ella Doehring, mas também ainda não era de modo algum algo regular e óbvio. Logo depois Annemarie Köhler prestou seus exames escolares e realizou seus estudos com despreocupada facilidade, tornou-se assistente cirúrgica no mesmo hospital dos Joanitas em Dresden no qual servira como enfermeira durante a guerra, e por fim abriu, em sociedade com um colega, uma clínica cirúrgica em Pirna. Em todos esses anos ela se manteve em contato conosco, primeiro como uma boa conhecida que nos visitava esporadicamente, mais tarde, quando se estabeleceu em Heidenau, ou seja, em nossa vizinhança, como uma alegre amiga íntima, até que por fim, nestes dias de interminável miséria e perseguição — estou escrevendo num momento da maior aflição, em janeiro de 1942 —, como a mais fiel, de fato a única amiga verdadeiramente fiel de todo o nosso círculo. Se ainda sou capaz de não sentir ódio pelo povo alemão como um todo, devo-o tão somente à germanidade de Annemarie, na qual se encarna tudo o que ao longo de uma vida inteira eu reconheci como alemão e amei por ser alemão. Exatamente o oposto é o que tenho a dizer de Johannes Thieme, que nos foi apresentado como o "menino-prodígio da matemática". Era filho da pobre viúva de um jardineiro, fora posto à força como aprendiz de serralheiro numa fábrica de máquinas, tendo terminado apenas a escola elementar, e devia à miséria da guerra sua grave subnutrição e sua ascensão. Mais tarde ele nos contou como, deitado sob uma máquina na área de testes, todo lambuzado de óleo, presenciara secretamente uma cena desesperadora. O gerente quisera apresentar a nova máquina a uma personalidade importante de passagem pela fábrica, mas o engenheiro-chefe da área de testes fora um dia antes, apesar de uma insistente reclamação, recrutado para o serviço militar, e ainda não havia um substituto para o seu cargo; os montadores à disposição — eles próprios substitutos e ainda não de todo integrados ao serviço — não sabiam exatamente o que fazer. Então Thieme saiu de seu esconderijo, um jovem proletário magricela e imundo, dizendo saber tudo, e sabia mesmo. Grande espanto do gerente, ainda maior do professor Punga diante do espantoso autodidata. Perguntas, elogios, alguns conselhos também, e palavras de encorajamento. Como objetivo elevado, que talvez o pudesse levar a uma escola técnica, Thieme sonhava com o voluntariado de um ano[47]. Não se podia aprender tudo nos livros; algumas orientações, um ou dois cursos noturnos na escola preparatória eram necessários. Mas ele aprendera duas coisas: primeiro, que para um "estudo completo de fato" era necessário frequentar a universidade ou uma escola técnica superior, e que para isso era necessário o *Abitur*, e, segundo, que poderia ganhar facilmente o dinheiro para a escola preparatória se ele mesmo desse aulas de matemática. De início foram aulas particulares de reforço para seus colegas de escola, mais tarde o diretor da escola preparatória o empregara como professor oficial. Em pouco tempo lograra obter o voluntariado de um ano, agora a maior parte de seus proventos consistia em poder assistir a todos os cursos para o *Abitur*. Ele queria prestar os exames juntamente com Scherner e Annemarie Köhler. Parecia ter tão pouca necessidade de sono quanto de comida; trabalhava de oito a nove horas por dia na fábrica, era ao mesmo tempo aluno e professor da escola preparatória, e além disso ainda fizera as provas para oficial de serralheria. É verdade que tinha uma aparência de tísico, mas o médico atestara sua saúde, ele mesmo dizia se sentir forte e rijo, e que engordaria assim que tivesse acesso a uma alimentação dos tempos de paz. Nós o reencontramos no verão de 1920 em Dresden, ele se tornou nosso inquilino e em pouco tempo nosso filho adotivo. Durante muitos anos nos chamou de pai e mãe. Sua especialidade, o campo técnico-matemático, no qual chegou a se tornar alguém, embora nem de longe realizasse as esperanças que de início se colocaram nele, era para nós um mistério impenetrável, mas nós dois lhe podíamos dar algumas outras coisas de que ele necessitava, e ele parecia se ligar a nós por uma afeição verdadeira. Durante treze anos não existiu entre nós uma única divergência política, assim como não havia uma divergência religiosa ou filosófica. Então, em 1933, Thieme foi o primeiro a se distanciar de nós. Se no dia do Juízo Final eu pudesse salvar sua vida com um gesto das mãos, não moveria um dedo...

47 O certificado de conclusão do curso secundário era chamado também de "voluntariado de um ano", porque os homens jovens com essa qualificação tinham de cumprir apenas um ano de serviço militar voluntário.

[JANEIRO DE 1919]

A política só pôde ser deixada de lado por um breve espaço de tempo. No Natal e em janeiro houve batalhas sangrentas entre Espártaco e as tropas do governo, Noske obteve poderes ditatoriais, parecia possível que a qualquer momento a ditadura passasse das mãos dos social-democratas e civis para as de um general da direita radical, Liebknecht e Rosa Luxemburgo foram assassinados. Tudo isso aconteceu às vésperas da eleição para a Assembleia Nacional, tudo isso teve uma influência incomum sobre os ânimos em Leipzig. Aqui os independentes eram o partido mais forte, e não havia nada em Leipzig que eles odiassem mais do que as *Leipziger Neueste Nachrichten*. Diante de seu centro comunitário eles queimavam aquele jornal juntamente com todo tipo de panfletos reacionários, e os desempregados faziam suas manifestações diante da editora das *Leipziger Neueste Nachrichten*. Kopke me disse que todos já estavam habituados a essas manifestações, elas eram totalmente inofensivas, em geral uma delegação se apresentava ao chefe de redação, exigia educadamente a publicação de uma nota de esclarecimento, obtinha a publicação e então se retirava educadamente. A nota de esclarecimento aparecia com regularidade sob a égide da seguinte frase: "Somos obrigados a publicar a seguinte nota". Mas, em 17 de janeiro, as *Neueste Nachrichten* foram obrigadas a publicar e distribuir uma edição extraordinária: "Condenamos aqui veementemente o assassinato de Liebknecht e de Rosa Luxemburgo e declaramos que tais fatos só poderiam ocorrer sob o governo Ebert-Scheidemann". E dessa vez a coerção não se deu em termos educados, e sim por meio de um ataque à casa editora. Dois dias depois, quando fomos lá nos informar sobre os primeiros resultados da eleição para a Assembleia Nacional, ainda pudemos ver a maior parte dos danos causados. Haviam destruído quadros, rasgado poltronas, despejado caixas de tipos móveis. "Mas as grandes máquinas foram poupadas", disse Harms à guisa de consolo, "por elas os trabalhadores alemães ainda têm respeito". Ele e Kopke, embora pelo menos Harms se posicionasse muito mais à direita do que eu, haviam votado nos socialistas governistas. Porque naquele momento era preciso apoiar o governo, disseram, "e porque os liberais se tinham mostrado incapazes de governar", acrescentou Harms. Em anos anteriores eu também votara nos social-democratas contra minha convicção íntima, por mera questão de conveniência: quisera então apoiar a oposição mais ferrenha. Entrementes eu amadurecera e aprendera algumas coisas; aprofundar-me em Montesquieu não me enriquecera apenas do ponto de vista filológico e literário. E daquela vez também não se tratava apenas de uma eleição para a Câmara dos Deputados, e sim para uma Assembleia Constituinte. A mim, a nós dois teria parecido uma traição dar nosso voto a outra causa que não a do liberalismo. (O fato de podermos pela primeira vez votar juntos intensificou para mim a solenidade da cena. Quando minha mulher entrou atrás da cortina a fim de colocar sua cédula de votação no envelope, eu não pude deixar de recordar minha paixão de adolescente por Melitta e Ruth[48], meu entusiasmo temporário pela emancipação das mulheres.) Nos anos seguintes não deixei mais de dar meu voto para os liberais, que dali em diante se chamavam democratas. Sempre tinha de ouvir dizer: "O tempo deles já passou", ou "Na situação atual eles são impotentes", ou "Eles não têm nenhuma cabeça em seu partido", ou ainda, simplesmente, "Voto desperdiçado". Não!, não era nenhum voto desperdiçado, ainda que uma ou outra objeção fosse correta. O verdadeiro mundo humano para mim é o europeu, e a Europa veio a existir graças ao liberalismo e vive graças ao liberalismo. É a pura, a única doutrina europeizante. Temos de professá-la, mesmo e em especial nos momentos em que ela se mostra impotente e desprezada.

Mas o que teve uma importância decisiva para mim naquelas últimas semanas em Leipzig não foram nem os momentos solenes das eleições para a Assembleia Nacional, nem as diversas greves que nos afetaram – não havia nenhuma iluminação em casa, e o Merkur passou de café a asilo –, nem as lutas espartaquistas em Berlim, nem o ataque às *Leipziger Neueste Nachrichten*. Decisiva foi uma caricatura do *Simplicissimus*. Nela Erich Mühsam – a quem conhecêramos em Berlim em 1904 como um boêmio e

48 Referência a *Ruth*, novela de Lou Andreas-Salomé (1861-1837).

versejador de uma benevolência inofensiva, inteiramente desinteressado da política, e que agora era um dos políticos radicais de Munique – estava sentado num divã vermelho com as mãos entregues a uma manicure. Sob ela a legenda: "Faça-me calos nas mãos, agora sou membro do Conselho dos Trabalhadores!". – "Isso está bem de acordo com sua narrativa a respeito de Eisner e do Conselho dos Trabalhadores Intelectuais", disse Harms, depois de termos rido muito da ilustração. "Você devia mesmo escrever relatos de Munique para nós." Desta vez a observação dele levou a uma longa conversa, e o velho "acompanho você até em casa", o vaivém noturno entre a Reichestrasse e a Grassistrasse, foi retomado e praticado até altas horas da noite. Abri meu coração para Harms como para um velho amigo. Falei sobre meus antigos esforços como intelectual público, sobre a torturante dependência de meus irmãos, sobre a insegurança de minha carreira acadêmica, sobre meu desejo de trabalhar "para a metade de cima" [49] ao menos uma vez. Harms me encorajou muito: a nova situação depois do tratado de paz também daria oportunidade de ascensão para novos nomes no jornalismo, correspondentes estrangeiros familiarizados com a cultura e a índole de nossos inimigos no campo de batalha seriam pessoas muito procuradas. Ele descreveu a situação de modo tão amplo e sob uma luz tão favorável para mim que, naquela noite, eu de fato imaginei que o editor, dr. Herfurth, por indicação de seu editorialista, me ofereceria o posto de correspondente das *Leipziger Neueste Nachrichten* em Paris. Alguns dias depois, minha esperança receberia um grande banho de água fria. "Você acredita", perguntei diretamente, "que eu poderia almejar um posto em Paris?" – "Sem dúvida, se você se mudar para Paris e aproveitar algumas relações pessoais. Talvez através de seus irmãos? Mas primeiro escreva eventualmente de Munique para nós. Isso o fará adquirir prática e, mais tarde, poderá lhe abrir os melhores caminhos." De um outro lado ainda, e do mais inesperado, eu receberia um incentivo para fazer a experiência.

---

49 Nos jornais da época, a parte de baixo do jornal era reservada ao jornalismo cultural; a expressão, pouco usual, se refere às matérias de cunho político, publicadas na parte superior da página.

[FEVEREIRO DE 1919]

Quando de nossa mudança para Munique, viajei com antecedência a fim de passar um dia com parentes em Berlim. Cartazes da campanha eleitoral para a Assembleia Nacional da Prússia ainda estavam colados em todos os prédios e monumentos em quantidades que eu jamais havia visto antes. Dois deles me chamaram atenção pela frequência com que os encontrava e pelo mau gosto: um coração negro, do qual caíam infantilmente três grandes gotas arredondadas: "Quem vai curar o coração da Prússia? O Partido Nacional Alemão"; e uma folha de figueira com a legenda: "O Partido Democrático Alemão é a folha de figueira de todos os que não ousam se declarar pela Internacional, embora sejam social-democratas". – Encontrei minha mãe quase cega, mas dona de um vigor incomum. Ela falou com um vívido interesse sobre a política interna, o que jamais fizera antes. Disse com orgulho que havia votado para a Assembleia Nacional. "Georg veio me buscar de carro, mas eu também teria ido a pé, afinal, era uma obrigação e uma honra." – "Em quem você votou, mãezinha?" – "Nos democratas, é claro, como todos nós. Só Felix votou nos socialistas governistas. Justo ele, que preferiria prosseguir na guerra contra os franceses." O que me surpreendeu muito não foi que Georg, de um ponto de vista político, houvesse deslizado um pouco para a esquerda, dos nacional-liberais para os liberais, e nem o fato de ele ter abandonado o monarquismo e o militarismo. O que me deixou espantado foi a rápida democratização de seu pensamento social. Durante nossa conversa, mencionei a sugestão de Harms e me arrependi no mesmo instante, pois temia encontrar oposição e receber uma advertência irritante contra relações impróprias; desejava também evitar qualquer desavença. Mas a proposta desagradou tão pouco a Georg que ele chegou até a considerá-la digna de ser levada em conta. Para nós era chegada a hora do jornalismo político em grande estilo, ao passo que a vida acadêmica era ultrapassada e reacionária – portanto, se surgisse para mim uma oportunidade de trabalho em Paris, deveria agarrá-la, e, se precisasse por algum tempo de seu apoio financeiro, poderia estar certo de recebê-lo, em

Paris tanto quanto em Munique. Apenas, é claro, não deveria desistir de minha cátedra antes de estar seguro da outra carreira. – Eu me pergunto por que guardei tudo isso com tanta exatidão. "Nosso correspondente A. B." escreveu nos meses seguintes cerca de uma dúzia e meia de cartas, das quais mal se publicou um terço, a peça intermediária mais interessante do "Diário da revolução da República dos Conselhos de Munique" ficou retida em Dachau e só chegou a Leipzig quando já se tornara de todo inatual; quase desisti de uma vez então de escrever para o jornal e me dediquei cada vez com mais afinco à minha profissão de filólogo; ainda agora eu me considero inteira e exclusivamente um cientista e filólogo, não escrevo meu *Curriculum*[50] como confissão, e sim como contribuição à história intelectual e cultural da época, e em meio a toda essa miséria de hoje, apesar de todo o abalo e de todo o desespero, presto diligentemente atenção a qualquer detalhe que possa ser proveitoso para minha *LTI*, minha *Lingua Tertii Imperii*.[51]

Por que então tanto palavreado introdutório a esse pouquinho de jornalismo e a essa ocupação secundária? Posso responder a isso com exatidão. Foi justamente naquela época que ouvi falar pela primeira vez em psicanálise e aprendi seu jargão, que entrara na moda. Muito cedo se tornou claro para mim que naqueles meses eu ab-reagira de uma vez por todas à minha antiga aspiração ao jornalismo político. Provei então a mim mesmo que era capaz de cozinhar a sopa desejada – entre os telegramas das *Leipziger Neueste Nachrichten* de 11 de abril de 1919 pode-se ler: "Sobre a nova reviravolta em Munique, onde o governo dos

50 Designação abreviada para sua autobiografia *Curriculum vitae*, escrita entre fevereiro de 1939 e fevereiro de 1942.
51 Em julho de 1934, Klemperer mencionou pela primeira vez em seu diário a intenção de escrever um estudo "sobre a língua do Terceiro Reich"; em 8 de julho de 1941, apareceu pela primeira vez nas anotações sobre esse tema a abreviatura *LTI*: "bela abreviação erudita para *Lingua Tertii Imperii* [língua do Terceiro Reich] a ser utilizada futuramente". Logo após o término da guerra, no verão de 1945, Klemperer começou, com base em suas anotações no diário, a investigação sobre a interdependência entre ideologia e linguagem do nacional-socialismo. Publicada em 1947, a obra trouxe relevante contribuição para a representação dos mecanismos ideológicos do regime nacional-socialista.

independentes caiu e (como nosso correspondente A. B. de Munique corretamente previra – NOTA DO EDITOR) um governo comunista foi proclamado sob a chefia do dr. Levien..." – e isso significava sem dúvida um diploma para A. B. –, mas achei também um inevitável cabelo (no mínimo um) na mesma sopa. Bem lá no fundo, a luta entre o professor universitário e o jornalista estava decidida em favor do primeiro já no dia 7 de fevereiro, antes ainda que eu escrevesse meu primeiro artigo. Pois naquele dia dei minha primeira aula verdadeira diante de verdadeiros estudantes alemães e senti de imediato que estabelecia contato com eles, senti de imediato a docência como uma felicidade e uma libertação de tudo o que me atormentava. E isso permaneceu inalterado ao longo de dezessete anos. Não importava como o meu público se constituía, ele sempre me acompanhava. (Um orador sabe muito bem disso, mesmo quando não tem, como professor, a possibilidade de avaliação num seminário ou num exame.) E por mais que eu pudesse estar excitado ou deprimido ao subir à cátedra – depois de duas frases nada mais existia para mim senão o tema de minha aula, e quando ela acabava eu me sentia mais livre e mais sereno. Assim, se o Terceiro Reich não me tivesse tirado nada além da possibilidade de lecionar, ele já teria me tornado pobre o bastante. De minha parte, também jamais pude compreender a queixa de muitos colegas que diziam que as aulas lhes prejudicavam a produtividade. Os melhores estímulos para a produção sempre me vieram justamente durante a preparação das aulas, com maior frequência ainda no momento em que eu me encontrava no púlpito, e, uma vez que o estímulo estava ali, eu também encontrava o tempo para escrever, ou pelo menos para esboçar. Não fazia ainda catorze dias que eu lecionava em Munique e ainda lutava muito com as dificuldades de um iniciante, mal terminara de reunir e condensar para os meus objetivos o que encontrara em Lotheissen[52] e Lanson[53], mas já via surgir diante de mim a ideia para

---

52 Ferdinand Lotheissen, *História da literatura francesa no século XVII*, 4 vols. em 2 tomos. Viena, 1877-1784.
53 Gustave Lanson, *Histoire de la littérature française*, Paris, 1894.

um estudo sobre Corneille[54], e não descansei enquanto não me lancei ao trabalho.

De resto, se se quiser entender "verdadeiros estudantes alemães" no sentido de alunos normais e corriqueiros de nossas universidades, então eu ainda não tinha verdadeiros estudantes, pois o semestre emergencial de guerra só podia ser frequentado por quem retornava do campo de batalha. Eles eram mais velhos, mais maduros e mais ferozes do que os estudantes normais, haviam esquecido muito, embora não tudo, do que haviam aprendido em outros tempos na escola e nos semestres em que haviam frequentado a universidade, queriam recuperar o mais rápido que pudessem o tempo perdido e avançar; muitos estavam exauridos intelectualmente, muitos deles, a maioria mesmo, em dificuldades financeiras, todos ansiavam por terminar seu tempo de estudos. Tinham de ser ensinados de modo mais concentrado, seu interesse tinha de ser forçado de uma forma mais imediata e decidida do que o necessário em circunstâncias normais. Haviam sido arrancados de sua vida de estudantes pelos grandes acontecimentos políticos; eu os introduzia ao classicismo francês falando-lhes da pulsação do Estado em todas aquelas criações, para só depois abordar as formas de expressão dos conteúdos, a dimensão estética. Menos gratificantes do que essas disciplinas eram os cursos preparatórios para o *Abitur*, oferecidos para grupos de 25 alunos. Nas minhas turmas não havia um único futuro filólogo – em toda parte os governos advertiam contra essa carreira, sua necessidade de candidatos para o cargo de professor nas escolas secundárias estava coberta por alguns anos –, em sua maior parte os alunos queriam se tornar médicos, dentistas ou veterinários, alguns depositavam suas esperanças na economia política.

54 A ideia para um "estudo sobre a dimensão política nos dramas de Corneille" é mencionada pela primeira vez por Klemperer numa anotação no diário em 13 de fevereiro de 1919; o ensaio foi escrito entre 19 e 24 de abril de 1919 e publicado sob o título *Do Cid a Polyeucte* na revista *Die neueren Sprachen*, ano 28, 1920, pp. 423-448. A monografia sobre Corneille foi escrita por Klemperer em 1931-1932 e publicada no início de 1933 como número 3,1 da série *Epochen der französischen Literatur*, da editora universitária Max Hueber – por um longo tempo foi considerada seu último livro.

Todo o interesse deles, naturalmente, era voltado para a carreira que almejavam, consideravam o *Abitur* uma formalidade fastidiosa e inútil e na melhor das hipóteses não estavam dispostos a sacrificar a ele nem uma única hora das que tinham para os trabalhos de casa; os docentes que se virassem para lhes enfiar alguma coisa na cabeça, se é que depois de tudo haveria um examinador que tivesse peito o bastante para reprovar heróis de guerra condecorados e antigos estudantes num pueril exame escolar! Que se podia fazer diante de tal convicção sem o emprego de alguma força disciplinadora? Tínhamos de nos dar por felizes se, dos 25, metade comparecesse às aulas e alguns entre essa dúzia demonstrasse alguma disposição para o trabalho. Posso tranquilamente dizer "nós", pois todos os meus colegas nesses cursos faziam exatamente as mesmas queixas. Eu próprio me perguntava às vezes se as deficiências com as quais me deparava eram mais gritantes nas aulas de francês ou de alemão. Se em francês os erros eram de natureza mais crassa e primitiva – *je suis nu* [estou nu] por *je suis né* [nasci] era algo corriqueiro –, em alemão eles eram mais constrangedores e vexaminosos. Segundo as diretrizes, devíamos colocar os alunos em contato com a literatura alemã que ia do *Sturm und Drang* até a morte de Goethe e exigir deles a apresentação oral e escrita das leituras de obras desse período feitas em casa – sem a comprovação desses trabalhos orais e escritos, ninguém deveria ter autorização para prestar os exames finais. Não posso dizer muita coisa boa a respeito de meu pessoal além de que eles dominavam a ortografia e a gramática. O que tinham a dizer oralmente e por escrito sobre *Os bandoleiros, Don Carlos, Wallenstein*[55] era terrivelmente escasso. E entre as frases minguadas parecia sempre haver um protesto da apatia: "Por que devo me aborrecer com isso? O que eu quero é obturar dentes". Como ficou provado mais tarde, teria sido mesmo inútil para os alunos do curso se aborrecer com aquilo; pois, quando no verão se fez uma campanha urgente de recrutamento para os *Freikorps*, todos os estudantes que se alistaram foram

---

55 *Os bandoleiros* (1781), *Don Carlos* (1787) e *Wallenstein* (trilogia, 1800) são obras teatrais de Friedrich Schiller (1759-1805).

dispensados de prestar o *Abitur* suplementar. Pelo menos foi o que aconteceu entre nós em Munique. Em outros lugares dificilmente terá sido diferente. Mais tarde, em Dresden, tive diversas oportunidades de ampliar minhas experiências com cursos preparatórios e com a formação geral do corpo discente do pós-guerra. Em Munique a coisa ainda não me pareceu trágica: eu simpatizava totalmente com os pobres jovens, cuja apatia e impaciência não podia de modo algum levar a mal, e também não tinha tempo para pensar nas eventuais consequências para um acadêmico de uma formação geral deficiente. No intervalo entre as aulas, costumava passar várias horas na sala de trabalho. Eu a utilizara pela primeira vez quando preparava minha tese de habilitação, e já naquela época me sentira numa posição acima da massa dos estudantes que tinham de utilizar a sala de leitura coletiva. Agora, conhecia uma segunda ascensão. A sala de trabalho era longitudinalmente dividida em duas: do lado da janela se sentavam os acadêmicos privilegiados, os demais membros do corpo docente ficavam do lado de dentro. Cada docente tinha uma mesa com sua própria estante, na qual podia acomodar seus livros e deixá-los durante a noite. Além disso, do lado dos professores titulares, tudo o que se solicitava da biblioteca era trazido imediatamente por mensageiros. Além disso, havia ainda mais uma vantagem ligada a essa posição, que eu, contudo, mais tarde, a partir do verão, sentiria como uma desvantagem: estávamos o tempo todo na mais estreita proximidade com nossos colegas. Ora Muncker ou Vossler ou outro figurão qualquer me perguntava com benevolência sobre o progresso do meu trabalho, ou contava sussurrando alguma coisa da última reunião da faculdade, ora éramos chamados por alguém do mesmo nível e da mesma idade que nós para discutir algum problema lá fora, no corredor, entre baforadas de charuto. De início achei agradável esse modo de travar relações mais estreitas com meu círculo de colegas, afinal, eu iria passar cinco anos em Munique como *Privatdozent* e ainda conhecia apenas uma minoria do corpo docente; além disso, na tremenda confusão da situação política, eu sentia o tempo todo a necessidade desta ou daquela opinião sobre as circunstâncias; na terceira e mais longa fase daquele meu período em Munique, contudo, as conversas dos colegas eram em sua maior parte uma interrupção muito inoportuna. Eu poderia muito bem ter escolhido para mim um lugar mais tranquilo na universidade para trabalhar, o Seminário de Romanística. Os poucos estudantes que se sentavam ali ficavam quietos como ratinhos na presença de um docente, e eu teria à mão um excelente acervo da bibliografia especializada. Por que não me mudei para lá? Tentei me convencer de que ali, naquele ambiente exclusivamente romanístico, me faltaria de todo o material auxiliar para as aulas de alemão. Mas no íntimo eu sabia desde o começo o que tornava aquele local amplo e silencioso desconfortável para mim. Era justamente a abundância de literatura especializada, de gramáticas, dicionários, antigos periódicos, volumosas biografias especializadas o que me oprimia. *Outsider! Outsider!* – gritavam para mim aquelas estantes repletas. Os poucos estudantes aplicados se serviam de todo aquele material de apoio com total naturalidade, ao passo que eu, o docente, tinha de me orientar com dificuldade, e cada tentativa de me orientar me punha diante dos olhos as lacunas de meu conhecimento profissional. Claro que, quando me sentia animado, dizia a mim mesmo: "Seu *Montesquieu* serve para alguma coisa, e seu curso também; você produz por si mesmo, e o material de que precisa, você mesmo o elabora". Mas no Seminário de Romanística eu me sentia como que sufocado sob uma lápide pela massa de material especializado desconhecido. Havia ainda um terceiro local que eu poderia utilizar entre as aulas, a sala dos professores. Mas ali quase sempre eu era vítima de Lerch. Claro que também nos encontrávamos muitas vezes em outros lugares, mas, enquanto em qualquer outra parte era interessante conversar com ele, ali ele em geral me irritava terrivelmente. É que na sala dos professores ficava o livro de reclamações. Nele você podia se queixar das correntes de ar na sala de aula, ou por ela ser muito quente, ou muito fria, ou qualquer outra coisa desse gênero, e Lerch tinha sempre uma observação a fazer. Certa vez o encontrei aborrecido – o livro de reclamações não estava em seu lugar. "O que você está fazendo agora?", perguntei-lhe. "Alguém deixou o mata-borrão aqui", respondeu ele, sério; "Veja, eu escrevi em letras grandes: 'Faço a reclamação de que é inadmissível deixar o livro de reclamações fora de seu lugar!'." Mas, assim que começava a escrever a reclamação, ele inevitavelmente descambava para suas lamentações pela sorte dos docentes de romanística, que me tiravam toda a coragem.

Pela distância eu poderia também, sem nenhuma perda de tempo, trabalhar em casa em vez de nas dependências da universidade, mas ali, em geral, quando se tratava de tranquilidade, eu muitas vezes pulava da frigideira para cair no fogo. Depois de mais uma tentativa de conseguir um apartamento, de imediato frustrada, havíamos nos instalado às pressas em uma pensão. A casa na Schellingstrasse 7 ficava de frente para a ala lateral da universidade, separada da Ludwigstrasse apenas pelo prédio da esquina. Quando saíamos à janela, podíamos ver a entrada do Ministério da Guerra, uma vista que nas semanas seguintes se tornaria muito significativa. Quanto a viver em pensões, tínhamos a medida exata de experiência e resignação. Sabíamos como encontrar uma sofrível e de antemão dávamos como certo que algum tempo depois ela se tornaria insuportável. No estabelecimento da sra. Konradine Berger, a jovem avó muniquense de uma netinha levada, educada de um modo barulhento e de origem obscura, vivemos toleravelmente quase um ano inteiro, e, quando por fim houve atritos, a culpa foi menos da senhoria do que da cruel inflação. Com os outros inquilinos e os comensais externos nos dávamos bem, mas não se chegou a formar um círculo tão íntimo quanto em Leipzig. Nossa sala de estar, porém, à qual se ligava um pequeno quarto de dormir, era tão popular que eu tinha muito pouca certeza de ter maiores possibilidades de trabalhar ali sem ser interrompido do que na sala de trabalho da universidade. A razão de tanta popularidade era em parte devida ao piano que havíamos mandado trazer do depósito de móveis, em parte à balança postal que fazia parte do equipamento de nossa escrivaninha. Dos dois instrumentos, naquele momento a balança postal tinha em si e em termos de história contemporânea uma importância muito maior. Ninguém, naturalmente, matava a fome com a comida da pensão; os cupons de alimentação, antiga praga do tempo da guerra, não haviam sido de maneira nenhuma abolidos depois do cessar-fogo (continuaram a existir por muito tempo ainda depois do tratado de paz), e todos nós continuávamos organizando buscas por fornecedores e grandes compras a fim de estocar alimentos. Certamente as compras em grupo e as barganhas floresciam em outros pensionatos do mesmo modo como entre nós. Posso mesmo dizer: entre nós, pois em geral o negócio era fechado em nossa sala de estar, e o que cada um recebia em toucinho, manteiga, queijo ou chocolate era pesado na balança postal. Sua escala chegava a mil gramas, e quem poderia jamais pagar por uma quantia maior? A pesagem e a divisão sempre eram acompanhadas de conversas, e sempre tinham a precedência sobre o classicismo francês e os exercícios de contraponto, razão pela qual minha esposa, sempre que possível, passava seus dias na academia de música ou na igreja protestante, enquanto eu preferia a sala de trabalho na universidade. Das muitas pessoas com quem entramos em contato na pensão, apenas três deixaram uma impressão definitiva em mim. Entre nós e o comprido dr. Ritter se estabeleceu logo no primeiro dia uma simpatia duradoura. Ele era cinco anos mais jovem que nós, servira na guerra como médico e agora era assistente do famoso Sauerbruch, a quem chamava de o mais importante cirurgião da Alemanha. Era um católico da Renânia, e sua posição diante do catolicismo era para mim o que havia de mais interessante em sua pessoa. Não escondia de modo algum a mundanidade despreocupada de seu caráter. "Viver bem", que para ele era sinônimo de comer bem, era uma de suas expressões favoritas. "Agora poderemos viver bem outra vez", dizia, enquanto pesávamos o toucinho, e de sua parte levava muito a sério a divisão do butim do grupo, como se se tratasse de uma operação cirúrgica. Mas era ainda mais apaixonado por sua profissão do que pelo "bem viver", e talvez gostasse de nós justamente porque ouvíamos de bom grado seus relatos médicos. Poder um dia dirigir ele próprio um hospital era o seu maior desejo para o futuro. "Para isso não bastam apenas a ciência e a habilidade prática", dizia com toda a franqueza. "Relações são imprescindíveis, talvez o mais importante. Faço parte agora da mesma liga acadêmica à qual pertence nosso arcebispo Faulhaber, também deposito algumas esperanças na conexão com as enfermeiras." Perguntei-lhe o que isso significava. Bem, na atribuição dos postos de direção dos hospitais municipais e nos das associações, muitas vezes a palavra das enfermeiras-chefes tinha grande peso, por isso era importante contar com a proteção delas. Ele não disse isso como um intrigante, arrivista ou cínico, apenas fazia uma constatação com a consciência muito tranquila e com total resignação. "Como médico o senhor não tem às vezes dificuldades de continuar a ser um bom amigo das enfermeiras?" – "Não tenho a menor dificuldade. Não há enfermeiras melhores que nossas irmãs católicas, e podemos confiar plenamente no julgamento de uma velha madre superiora." Lembrei-me de minhas experiências em Paderborn[56]. "O senhor não se sente às vezes limitado pela proeminência da religião?" – "Jamais, pelo contrário! Isso nos protege, faz bem aos doentes, os tranquiliza. E de minha parte", acrescentou candidamente, "sempre gosto de ouvir as irmãs rezando". – E o senhor consegue conciliar os princípios de sua fé com seus conhecimentos científicos?" – "Sem o menor esforço. Por que deveria haver algum atrito entre eles? Como médico lido com a natureza, como católico, com o sobrenatural, com o Criador da natureza. Acredito no que meus pais e todos os meus parentes e professores acreditavam, não posso imaginar minha vida sem esta fé." Ele dizia isso com total naturalidade, estava visivelmente tão espantado com meu espanto quanto eu com seu estado de espírito. Claro que esse debate sobre religião era uma exceção em nossas conversas: o "bem viver", Sauerbruch, cirurgias, o cálido interesse pelos pacientes (e não apenas pela sua enfermidade), um pouquinho de política (tendência para o centro) eram os temas mais frequentes. Então havia algo que para ele se sobrepunha a tudo isso, até à medicina e, por vezes, ainda que apenas sob a forma de um acesso, enchia sua alma alegre de melancolia. Ele tinha um grande amor, não de todo feliz, pela música. Cantava com muito conhecimento e esforço artístico, mas sua voz educada era apenas um pequeno tenor, pequeno e frágil mesmo para uso doméstico. Era consciente

---

56 Na primavera de 1916, Klemperer esteve internado num hospital católico de Paderborn com uma grave pielonefrite.

de sua insuficiência, e algumas vezes, depois de ter assistido a um concerto, suspirava: "Ah, se eu tivesse uma voz assim". Mas logo em seguida dizia à minha esposa: "Vamos fazer a *Viagem de inverno*[57] outra vez esta noite? É tão bonita!".

No extremo oposto do equilíbrio de Ritter se colocava o estudante Arnold Weissberger, dez anos mais novo que ele. Os dois, aliás, se davam bem. Ritter troçava dele com benevolência, e Weissberger era inteligente demais para não entender a benignidade da troça. Tinha no rosto pálido uns enormes olhos negros de judeu, quentes e úmidos; sua atitude exterior era contida, mas por dentro ele ardia como seus olhos. Tinha um pendor para a literatura e a filosofia, debatia-se com problemas de metafísica, e só estudava química pela vontade do pai, a fim de algum dia assumir a fábrica da família em Chemnitz. Por muitos anos mantivemos uma estreita ligação com Ritter e Weissberger. Ritter alcançou seu objetivo, provavelmente pela via das enfermeiras, e certamente para o bem de seus pacientes. Tornou-se diretor de um hospital em Regensburg. Weissberger, ainda em Munique, tomou gosto pela química que lhe fora impingida – um gosto tão grande que ele jamais assumiu a fábrica da família. Dedicou-se inteiramente à ciência. Quando da eclosão do Terceiro Reich ele estava prestes a obter sua habilitação em Leipzig. Conseguiu salvar-se emigrando para Cambridge. O imperturbável Ritter e o inquieto Weissberger eram, por assim dizer, caracteres atemporais, teriam sempre e em qualquer lugar me agradado com suas humanidades antagônicas. Pontius, ao contrário, só me interessava como um fenômeno temporal. Que tipo de pessoa ele era, ainda hoje não consigo dizer. Hans Meyerhof o chamava simplesmente de lavadeira, e tinha razão, pois o homem era ensaboado, mole, tagarela e fofoqueiro, mas isso não o explicava. Tudo em Pontius, sua origem, sua profissão, seu caráter, suas convicções, era e permaneceu opaco. Nascera na Rússia, estudara química em Zurique sem terminar o curso, estivera na frente de batalha como bávaro, trabalhara como intérprete nas negociações de paz em Brest-Litowsk. Sua

---

57 *Winterreise*, ciclo de canções de Franz Schubert (1797-1828) sobre poemas de Wilhelm Müller (1794-1827).

família, mulher e uma criança, vivia então na Renânia ocupada e não podia vir se reunir a ele. Foi o que ele nos contou. O que em tudo isso era verdade? Do que ele vivia em Munique? Nós o conhecemos na casa de Hans Meyerhof, um dia antes de ele aparecer em nossa pensão como comensal. Apegou-se a nós de uma maneira mais do que afetuosa. Sentava-se horas a fio em nosso sofá, mesmo quando não lhe dávamos atenção. Gostava de fazer confissões, por vezes se desfazia em lágrimas por sua vida falhada. Era bom narrador. Tinha talento para o desenho. Certo dia fez caricaturas muito boas de todos os que frequentavam a mesa da pensão, mandou fotografar todos os desenhos juntos numa única folha e distribuiu as cópias. De onde tirava o dinheiro para isso? Não parecia envolvido com contrabando. Seria um agente político? Para isso ele me parecia imprudente demais, descontrolado demais, e mesmo benevolente demais. Não o vi prejudicar ninguém em todo o tempo posterior, nem ganhar dinheiro por si mesmo. Mas sempre se manteve à tona, e mais tarde sua família também apareceu. Jogava xadrez com Levien horas a fio no café Stefanie, e na pensão chamava Levien de a mais infame das criaturas. No verão serviu por algum tempo no *Freikorps Wolf*[58] – "19 marcos de salário por dia, e tenho a liberdade de me desligar do serviço com uma semana de aviso prévio – por que não aceitaria?" – A cada dia os *Freikorps* se tornavam mais decididamente radicais de direita e antissemitas, e depois Pontius se sentava outra vez amigavelmente conosco e com Hans na Barer Strasse, e me dizia com sincera tristeza: "O senhor não deve depositar nenhuma esperança em Dresden, todos lá são tão antissemitas".[59] – "E no que isso me atinge? Eu sou protestante." – "Eles conhecem sua família, e o que importa é sua ascendência, não sua fé…" Pontius foi para mim um eterno enigma. Quando deixamos a pensão Berg, no início de 1920, nós o perdemos de vista, e nunca mais ouvi

58 Fundado em Augsburg sob o comando do general-major Wolf, existiu de abril a agosto de 1919 e tinha um contingente de mais de seiscentos homens.

59 Refere-se a uma possível colocação na Escola Técnica Superior de Dresden, cuja cátedra de romanística ficara vaga com a transferência de Hanns Heiss para Freiburg em 1919.

falar dele. – Com Hans eu me encontrava diariamente, não tivemos nenhum atrito de ordem política naquelas primeiras semanas de fevereiro, pois ele era um ardoroso partidário de Eisner, e os defensores de Eisner naquele momento eram tidos por centristas moderados. A sabedoria de meu primeiro despacho como A. B. eu devia inteira ao convívio com Hans. Aquela interdependência entre a política de Munique e a boêmia de Munique continuava a me dar o que pensar. A distribuição das cadeiras na Assembleia Legislativa recém-eleita era pouco favorável a Eisner. Apesar disso, eu dizia, ele se afirmaria como governador. E isso não apenas porque para a burguesia, em comparação com Levien e Mühsam, ele significava o mal menor, mas também porque esses mesmos Levien e Mühsam, por mais ardorosamente que o combatessem, ao mesmo tempo o poupavam. "Eles não o atacarão seriamente", foi como encerrei o artigo: "Pois sentem demasiada afinidade com ele para fazê-lo. Irmãos inimigos, mas irmãos na boêmia".

Hans me contou muitas coisas a respeito de suas relações com os líderes políticos, mas, além de alguns colegas de negócios, só encontrei em sua casa um jornalista de Württemberg, Weckerle. O homem era mais amargo e radical do que Hans, mas também simpatizava com Eisner. Perguntei-lhes se eu não teria uma oportunidade de conhecer Eisner pessoalmente. "Sem dúvida", disse Hans, "vou convidar vocês dois num mesmo dia". Pensei que estava me engambelando, mas no dia 19 de fevereiro ele veio de manhã ao pensionato. "Hoje à noite Eisner toma café em minha casa, apareçam vocês também." Esperava-nos uma meia decepção: só a sra. e a srta. Eisner estavam presentes. A filha do primeiro casamento era uma jovem robusta de cabelos ruivos, a segunda esposa, uma criatura delicada, jovial. As duas mulheres se comportaram de maneira bastante simples, sem nenhuma ostentação. É verdade que a sra. Eisner falava de seu marido num tom apaixonado, mas não como alguém que venera um político poderoso, e sim como alguém que ama um sacerdote e adora um apóstolo. Ele se sacrifica pelo seu cargo, disse ela; por isso, também naquela noite não pudera se afastar de seu trabalho. Mas sua dedicação é recompensada; ninguém que o ouça falar por apenas alguns minutos pode resistir a ele, camponeses rudes e grevistas enfurecidos haviam chorado ao ouvir suas palavras. Pensei nos jornalistas zombeteiros e achei engraçado o entusiasmo da sra. Eisner, pensei na ovação recente daqueles milhares de pessoas, no arrebatado "Só por cima do meu cadáver!" do robusto Unterleitner, e não pude discordar inteiramente dela. Disse-lhe o quanto gostaria de ter encontrado seu marido num círculo íntimo. Sendo amigo de Hans, com certeza ainda poderia fazê-lo, respondeu-me ela. "Meu marido tem grande simpatia pelo sr. Meyerhof, ele sem dúvida compensará a visita prometida para hoje." Um dia e meio depois desse encontro, ao meio-dia da sexta-feira, dia 21, eu estava na sala de trabalho preparando minha aula quando a porta foi aberta de supetão, fazendo todos levantarem os olhos; um funcionário deu alguns passos até o corredor central e então gritou com voz excitada: "Por favor, parem com o trabalho e deixem o edifício, a universidade será fechada imediatamente – o governador foi assassinado". Houve tumulto e perguntas desencontradas. O funcionário sabia pouca coisa. Ordem da reitoria, pedia-se que os senhores por favor se apressassem em sair para que o prédio pudesse ser fechado – Eisner teria sido alvejado por um estudante, membro de uma corporação, também o recente atentado com uma granada contra a Assembleia Legislativa fora atribuído ao membro de uma corporação estudantil, e agora nem a universidade nem a Escola Técnica Superior "tinham do que rir". Senti-me em minha identidade como A. B. e fiz um giro pela cidade. As lojas e restaurantes já estavam fechados, já haviam se formado as rodinhas de gente que me chamaram a atenção em dezembro. Um longo cortejo de trabalhadores, homens uniformizados e adolescentes marchava através da Ludwigstrasse. Ouviam-se gritos de "para Theresienwiese[60]" e "vingança para Eisner!", mas não soavam exageradamente excitados, e ninguém portava armas. A aparência da cidade se tornou mais ameaçadora quando surgiram caminhões com bandeiras vermelhas tremulando, apinhados de soldados em pé exibindo suas espingardas prontas para abrir fogo ou

---

60 Uma grande área aberta em um bairro de Munique.

ostensivamente carregando-as de balas. Mas não se disparou um tiro sequer. Também no Theresienwiese reinava a calma. Decerto o número de manifestantes que para lá acorreram não era muito grande; em todo caso, o espaço gigantesco fazia uma multidão de alguns milhares encolher e parecer apenas um grupinho. Com essa calma relativa contrastavam violentamente os panfletos que logo começaram a circular: exigiam a repressão da imprensa burguesa, a greve geral, a "segunda revolução". Fui até a casa de Hans e o encontrei em companhia do jornalista Weckerle e de dois homens desconhecidos para mim, que me foram apresentados como membros do Conselho do Trabalho. Todos estavam terrivelmente amargurados, Weckerle mais do que todos os outros; de uma hora para outra, suas faces tinham decaído, e seus olhos chamejavam. Proferia frases entrecortadas: "Vingança"... e "reféns burgueses" e "ditadura do proletariado" e "República dos Conselhos". Todos concordavam que a República dos Conselhos seria proclamada amanhã ou depois de amanhã, e também que agora todo o poder deveria recair nas mãos de Levien. A Assembleia Legislativa e seus burgueses iriam se esconder embaixo da terra.

[MARÇO/ABRIL DE 1919]

Quando leio hoje o despacho[61] que escrevi imediatamente sob essas impressões para as *Leipziger Neueste Nachrichten*, eu na verdade me admiro de que o tenham publicado, pois ele se encaixa muito precariamente na moldura reacionária do jornal. É certo que eu sentia a ameaça iminente de um governo espartaquista como a de uma escravidão absurda, e também não tinha muita fé na arte de governar de Eisner. Mas sublinhei com muita ênfase a total pureza de suas intenções, o fato de suas mãos não estarem sujas de dinheiro e sangue. Chamei de "revoltantemente absurdo" o homicídio cometido pelo conde Arco, que

---

61 Referência ao relato "Munique depois do assassinato de Eisner (de nosso correspondente A. B.)", publicado na edição vespertina do *Leipziger Neueste Nachrichten* de 24 de fevereiro de 1919. Ver p. 123.

logo começaria a ser glorificado pela direita, classifiquei como "a mais desagradável e provocativa possível" a conduta das corporações estudantis, das quais o conde era membro. Se acrescento que a maioria dos estudantes e dos docentes rejeitava inteiramente essa conduta, isso não apenas era então minha honesta convicção, como também, provavelmente, era ainda verdade naquele momento. Só os meses seguintes trariam uma mudança. Não aconteceu de ao assassinato de Eisner se seguir imediatamente a República dos Conselhos de Munique. Antes, até o início de abril, vigorou uma situação intermediária que foi se agravando pouco a pouco. Houve greves, os jornais burgueses foram suprimidos, havia tiroteios eventuais, eventualmente se saqueava uma *villa*; mas continuava existindo certa possibilidade de movimentação dos moderados e dos partidos de direita, ainda não se chegara a uma ditadura do proletariado; uma guerra aberta contra o Reich, ou "contra Weimar", como se costumava dizer, ainda não fora travada. Nesse meio-tempo, deixei de lado o jornalismo. Durante algum tempo, faltava o estímulo externo, pois a imprensa de Leipzig estava paralisada por uma greve geral, e durante algum tempo uma grave doença de minha mulher me ocupou por inteiro. Começou inofensiva, como um abcesso num dente, e rapidamente se agravou até se tornar uma sepse maligna. Diante dela, nosso vizinho de quarto Leo Ritter deu mostras da maior humanidade. Durante metade da noite estava a postos para ajudar. Eu estava tão preocupado que só com muito esforço conseguia cumprir minhas obrigações docentes. Além delas, era capaz de no máximo fazer alguma anotação no meu diário, mas de maneira alguma um estudo bem elaborado. No final de março minha mulher pôde se levantar; pensamos que ela havia superado de vez a enfermidade, e minha cabeça ficou mais livre. Mas tudo isso não significa que, na alternância entre a atmosfera do quarto da doente e a da universidade, eu tivesse esquecido a política. Ela não permitia que a esquecêssemos em lugar algum, penetrava e predominava em toda parte. Quando Ritter vinha ficar ao lado de minha mulher, nos contava sobre o paradeiro do conde Arco e os esforços dos espartaquistas para levá-lo à prisão. O assassino fora gravemente ferido a tiros por um guarda na própria cena do crime e estava entre a vida e a morte na clínica de Sauer-bruch. Sauerbruch se recusava a entregá-lo, e, quanto mais obstinados os espartaquistas se mostravam, mais a burguesia e sobretudo os estudantes transfiguravam o conde como seu herói. Se eu ia para a universidade, via a bandeira vermelha tremular acima de seu telhado, suas entradas estavam todas fechadas até sobrar apenas uma fenda, e ninguém passava sem apresentar uma credencial. Nem é preciso dizer que as conversas no interior ou diante da sala de trabalho giravam em torno da política, mas, com pouca diferença em relação a Nápoles em 1915, ela invadia também a sala de aula. No meu curso preparatório para os exames de conclusão, eu distribuíra seminários. Um jovem se levantou em posição rígida: "Tenente Strasser". (Era de todo incomum que alguém declarasse naquele ambiente sua patente militar. De resto, o homem, muito jovem, falava sem elevar a voz e sem afetação acentuada.) "Eu me encarreguei da juventude de Goethe, de acordo com *Poesia e verdade*. O senhor professor permitiria que, em vez disso, eu me ocupasse da essência e dos objetivos da Liga Espartaquista? É de extrema necessidade esclarecer meus colegas a respeito desse assunto." Como resposta imediata, houve uma intensa pateada, deixando claro que quase nenhum dos presentes simpatizava com a Liga Espartaquista. Pedi silêncio e disse mais ou menos o mesmo (apenas de forma menos patética) que dissera então aos estudantes de Nápoles: que devíamos deixar a política de lado e trabalhar. Isso deu bom resultado, Strasser se sentou sem replicar, e eu pude continuar. Depois da aula, ele veio até minha cátedra, perguntando se podia explicar sua posição. "Claro — mas não aqui na sala de aula, acompanhe-me." Ele me contou que estivera na guerra como voluntário austríaco, que havia enfatizado seu posto de oficial porque os oficiais em geral se posicionavam à direita, e julgara necessário falar da Liga Espartaquista justamente na universidade porque os estudantes se mostravam a cada dia mais reacionários; ele estava convicto de que o domínio do comunismo não podia ser detido, pois apenas ele era capaz de trazer a salvação para todos... Eu o interrompi; de minha parte, eu jamais poderia ser convencido a abandonar minha posição moderada e era avesso a qualquer forma de extremismo; como professor, tinha de garantir que meus horários de aula fossem preenchidos com seu verdadeiro conteúdo didático. Ele se despediu e nunca mais compareceu à aula de alemão. Mas eu ainda voltaria a ouvir seu nome. A fim de visitar Vossler à noite em companhia de Lerch, eu tinha de retirar um salvo-conduto no posto policial, pois a partir das sete horas era proibido permanecer nas ruas. O salvo-conduto me foi fornecido depois de longa avaliação e hesitação "para fins de uma conferência científica"; na verdade, apenas médicos e parteiras poderiam tê-lo. Para mim não era inconveniente que naquela conferência "se fizesse política", pois quando estava a sós com Vossler e Lerch sentia-me diante de um poder superior, hostil e impiedoso, no campo filológico; eu apenas comparecia a ela para não me ver colocado na situação constrangedora de uma marginalidade ressentida. Do ponto de vista da política, não havia nenhuma divergência drástica entre nós. Eu ainda estava inteiramente convencido de manter uma consonância com meu ambiente acadêmico e burguês quanto às questões essenciais. Mesmo dois incidentes desagradáveis durante as constrangedoras visitas inaugurais não haviam me despertado desconfianças excessivas. Essas visitas inaugurais, que se estenderam por todo o ano de 1919 e nunca chegavam ao fim! A faculdade tinha mais de setenta membros, e era considerado dever do recém-chegado (principalmente os novatos e os docentes associados) visitar a todos, se possível na manhã de domingo, sempre de casaca e cartola, os casados em companhia de suas esposas, os solteiros e viúvos sozinhos. Lerch e eu tivemos uma longa e inconclusiva discussão a respeito do caso Jordan (cuja esposa estava numa clínica de nervos). No domingo, antes de minha mulher ficar acamada, pudemos fazer apenas duas visitas, pois nas duas fomos recebidos. Primeiro na casa do conselheiro privado Schick, um anglicista cujas aulas eu frequentara em 1902. A senhora conselheira, uma inglesa grisalha, fluente em alemão depois de muitas décadas em Munique, mas com um acentuado sotaque inglês, nos recebeu na ausência do marido com uma cordialidade transbordante de fortes tons pastorais. Ela tomou as mãos de minha mulher e puxou-a para bem perto de si sobre o sofá de pelúcia. Agora era a hora de "nós, mulheres" nos apoiarmos mutuamente, a fim de curar as feridas da guerra; não devia haver inglesas, alemãs ou francesas, apenas mulheres, simplesmente mulheres e esposas. Sim, e nós acreditávamos mesmo que os ingleses tinham desejado a guerra? Não, eles não eram sanguinários, tão pouco quanto os alemães, tão pouco quanto os franceses, ninguém, ninguém de fato quisera ter aquele morticínio na consciência a não ser os judeus, os únicos a quem ele trouxe lucros. Olhamos para a velha senhora com uma perplexidade silenciosa, ela a tomou por afinidade e continuou a pregar sobre a ligação fraterna de todos os corações femininos. Os próximos da lista de seis visitas que esperávamos fazer naquele domingo – entregávamos o cartão de visita, e a criada bem instruída dizia: "Meus patrões sentirão muito ter perdido sua visita" – eram os Joachimsen, um casal de meia-idade. O marido, um especialista em história moderna, era um conhecido nacionalista alemão. Logo a conversa começou a girar em torno da fragilidade da Assembleia Legislativa e da queda no bolchevismo. Eu disse que não concordava de maneira alguma com a política de Eisner, mas pensava que o assassinato cometido pelo conde Arco trouxera uma confusão ainda maior do que a que Eisner poderia provocar. Então a sra. Joachimsen teve um acesso de histeria. "O senhor ousa chamar o conde de assassino!", gritou. "O senhor ousa culpá-lo por nossa terrível situação! Mas ele se sacrificou por nós, ele nos sacudiu, ele nos libertou do galiciano, eu o venero como a um salvador, gostaria de poder cuidar dele, não sou sequer digna de lhe desatar as correias das sandálias" – e saiu soluçando da sala. O marido disse, desnorteado e apaziguador, que sua esposa estava com os nervos em frangalhos, seu patriotismo apaixonado sofrera demais; eu disse lamentar tê-la irritado, e nos separamos com um pesaroso aperto de mãos. Quando descemos, declarei que não devíamos nos deixar influenciar em nossa opinião pelo duplo acontecimento nem tirar conclusões sobre a convicção da faculdade, ou mesmo da universidade inteira, a partir da extravagância de duas mulheres histéricas. Claro que a maioria dos professores e estudantes tenderia a ser antes reacionária que democrata, mas, quando conheci o fanatismo espartaquista na casa de Hans, a orientação dos acadêmicos me pareceu compreensível, e eu a considerei no mínimo o mal menor. Weckerle ficava ao lado de Hans como um anjo mau e a cada dia o subjugava mais. O que me provocava uma repulsa ilimitada por Weckerle era o elemento impuro, a astúcia maligna que se misturava ao seu fanatismo. Eu considero um fanático em estado puro como inimigo da humanidade; é preciso torná-lo inofensivo. Mas podemos considerar sua insanidade mental uma atenuante e não precisamos odiá-lo. Certa vez perguntei a Weckerle por que trabalhava por sua ideia justamente em Munique se tinha tanto orgulho de sua cabeça formada em Württemberg; afinal, ele escarnecia com tanta frequência dos "bávaros cabeças-duras". Ele deu uma gargalhada: "Justamente por isso — quanto mais burros, melhor, e com eles se pode fazer qualquer coisa". O que importava para ele não era convencer, e sim seduzir... Conversei diversas vezes a esse respeito com Hans, de nada adiantou. Ele considerava os cabeças-duras crianças inocentes que se deveria ganhar para a boa causa com meios infantis, e o bem estava encarnado no comunismo, na Liga Espartaquista, na República Soviética. Não faltava a Hans também um anjo bom, que o afastava dos envolvimentos mais perniciosos, talvez justamente porque em sua natureza robusta não havia nada de angelical. Era o vigoroso bávaro Hamecher, bancário antes da guerra, na qual combatera em diversas frentes, agora desempregado e obrigado a conseguir de qualquer modo o sustento para si e para uma viúva de guerra, mulher delicada, taciturna, com quem vivia em união não oficial, mas boa e pacífica. Era comerciante, como Hans, e também ele não vivia inteiramente sem apelar para o contrabando. Mas não se interessava pelo romantismo dos bandoleiros e traficantes, em tudo o que fazia preservava um fundo de *bon sens* e de honestidade, e desejava voltar à condição burguesa. Quando o conheci, estava justamente procurando se estabelecer no comércio de selos, e graças a ele também me tornei um colecionador. Foi por essa época que a filatelia deixou de ser uma ocupação de adolescentes e de alguns adultos especialistas para se tornar um assunto de todos, e graças a Hamecher tornou-se clara para mim a combinação de motivos ideais e práticos que estava na origem de tal interesse. Agora que as fronteiras ente os Estados e as formas de governo haviam se tornado fluidas, as estampas dos selos eram trocadas o tempo inteiro, e quem os colecionava adquiria uma galeria de quadros da história contemporânea – mas adquiria também – a expressão era nova – algo de valor constante. "Quando viajo a Zurique com um bolo de cédulas de 100 marcos", disse-me Hamecher, "não sei quantos francos me pagarão por ele. Quando tenho alguns bons selos na carteira, então eu sei a quantas ando: em qualquer moeda me pagarão seu valor total de colecionador". Em anos posteriores, Hamecher se tornou um respeitado negociante de selos; o casal corpulento, e agora inteiramente legitimado, nos visitou em Dresden, e conversamos sobre os turbulentos dias de Munique. Naquela época, durante todo o ano de 1919, ele ainda não conseguia viver só do comércio de selos. Certa vez pediu-me um parecer sobre o valor de uma pequena biblioteca que lhe fora confiada para venda e que estava amontoada no chão do cômodo traseiro, cheio de cacarecos, de uma pequena água-furtada em Schwabing. Bastou uma breve olhada para saber que não se poderia conseguir por ela um valor muito elevado. Tratava-se da típica coleção de livros de um jornalista que tinha mais interesse do que dinheiro. Os exemplares mais caros eram brochuras e traziam o carimbo "Rez. Ex."[62]; pertenciam às mais variadas áreas do conhecimento, com maior frequência à literatura e à arte do que à história e a política. As aquisições do próprio dono eram, em sua maior parte, de volumezinhos publicados pela Reclam[63], muitos dos quais, por versarem sobre temas afins, estavam encadernados em papelão barato num único volume. Nessa seção predominavam os temas filosóficos e estéticos, não havia nada dedicado à política. O único volume em língua estrangeira que encontrei era um manual escolar – *Abrégé de la syntaxe française*. Abri-o, e a capa guardava um volante antimilitarista e comunista de 1916 impresso em Zurique. Todos aqueles livros tinham um pequeno carimbo azul com o nome do proprietário: Kurt Eisner. Em geral, não é difícil

---

62 De *Rezensions-Exemplar*, exemplar para resenha.
63 Editora conhecida sobretudo pela edição de clássicos em formato de bolso e preços módicos.

deduzir a profissão de uma pessoa por sua biblioteca..., mas que aquela fosse a coleção de livros de um estadista e governador não poderia ser reconhecido por ninguém, se não fosse o nome inscrito neles. A viúva de Eisner os dera para Hans e Hamecher. É raro que anjos bons consigam fazer muita coisa contra os maus, e Hans não pôde ser impedido de se filiar à Liga Espartaquista. "Hans", perguntei-lhe, "será possível que você tenha esse Levien por um homem honesto e decente?" – "Honesto e decente, ele? É um cafetão, um criminoso insano, e eu digo isso na cara dele. Mas o que isso tem a ver com a essência da Liga Espartaquista? Eu me filiei a ela justamente porque quero trabalhar pela pureza de seus objetivos. É tão necessário combater a reação, e os socialistas governistas afinal são piores do que os *Junker*[64] de antes da guerra, do que esse cão sanguinário do Noske..." Hamecher estava presente quando Hans fez esse discurso. "Você não pode fazer nada...", disse ele com um sorriso. "Mas ouça, Meyerhof, ofereceram-me alguns milhares de selos suíços, com isso poderíamos fazer alguma coisa juntos." – A República dos Conselhos, da qual se falava todos os dias desde a morte de Eisner, chegou por fim, e de um modo surpreendente e misterioso. Para o público de Munique ela começou na segunda-feira, 7 de abril, com uma proclamação do Conselho Central e algumas convocações e volantes. As repúblicas de conselhos russa e húngara foram saudadas fraternalmente, e Weimar, a "Alemanha imperial com placa republicana", como era dito numa proclamação de Erich Mühsam, estava abolida. Onde se enfiaram a Assembleia Legislativa bávara, o governo Hoffmann, de maioria socialista, por ela nomeado, ninguém sabia no momento. O verdadeiro governante da nova República dos Conselhos parecia ou era, naquele 7 de abril e por cerca de oito dias, o comissário do povo para Assuntos Intelectuais, Gustav Landauer. Para mim essa mudança reservava uma surpresa especial. Na grade diante da entrada da universidade estava pendurada uma grande papeleta escrita à máquina. A universidade estava

---

64 Assim eram chamados na Alemanha, até o fim do Segundo Reich (1871-1918), os membros da nobreza constituída pelos grandes proprietários de terras e pela elite militar.

fechada, o reitor, o Conselho Universitário e o professorado, destituídos; depois da Páscoa será aberta aqui uma nova escola superior a serviço do povo com um novo corpo docente. Segundo ordens de Landauer, "por delegação, Strasser". Era meu tenente da Liga Espartaquista. A grade da universidade oficialmente fechada, contudo, deixava, como nas semanas anteriores, uma fenda aberta, e havia uma grande movimentação. No saguão, um estudante discursava diante de um grupinho de colegas com voz excitada e estridente. Entendi algumas frases isoladas: "Nós, do Conselho de Trabalhadores... garantimos por nossas cabeças... os conclamo a voltar para suas casas... metralhadoras podem ser utilizadas a qualquer momento... perigo de um banho de sangue...". O discurso não fazia nenhum efeito, nem de excitação nem de intimidação, as pessoas o ouviam com interesse, às vezes rindo, e ninguém ia para casa.

O verdadeiro fechamento da universidade não se concretizou mesmo depois disso: o Conselho Universitário destituído continuou a desempenhar suas funções, os professores demitidos ainda deram algumas aulas pouco frequentadas antes do encerramento do semestre já bem próximo, várias assembleias tumultuadas ainda foram realizadas no *Auditorium Maximum* e na pequena *Aula*[65], sem que as anunciadas metralhadoras aparecessem. Foi feita uma única preleção noturna por um membro não acadêmico do partido sobre o Manifesto Comunista. O *Auditorium Maximum* estava superlotado, não apenas por estudantes, mas com certeza também não por proletários. Não vi senão intelectuais, muita gente de Schwabing[66], muita gente decididamente da classe média, de um modo geral o público comum de palestras científicas populares. E a preleção do camarada Otto Thomas não se diferenciava em nada das dúzias e dúzias de palestras populares que eram dadas sob o antigo regime em Escolas Superiores Populares. Não era mais profunda, nem livre de palavras estrangeiras, nem provocativa.

65 Nas universidades alemãs, *Aula* é um grande recinto reservado a cerimônias e eventos.
66 Nome do bairro boêmio de Munique.

Mas a República dos Conselhos providenciou um pomposo introito. Antes do orador, um estudante do Conselho Revolucionário das Escolas Superiores ocupou o púlpito e gritou: "Companheiros! Camaradas! Eu os saúdo aqui, hoje ainda como semi-hóspedes, de amanhã em diante como donos desta casa, de toda esta instituição. A burguesia se assenta sobre três pilares: o militarismo, o burocratismo e o monopólio da educação pelos grandes proprietários. Hoje despedaçamos o terceiro pilar". Strasser – eu não voltara a vê-lo, e me perguntara em vão se poderia haver alguma relação entre ele e os personagens homônimos do Partido Nacional-Socialista[67] – tentou em vão fazer valer sua vontade, trancando alguns arquivos do renitente Conselho Universitário e guardando as chaves consigo. Essa cena teve um epílogo cômico. No dia da ocupação de Munique pelas tropas do Reich, uma mocinha procurou o pró-reitor Müller, o mesmo professor da Faculdade de Medicina que em 1914 me tomara o juramento[68] e agora representava com muita serenidade e dignidade o reitor Baeumker. (Baeumker, tomado por um momento como refém, não se sentira capaz de resistir às tensões e pedira afastamento por motivo de doença.) A menina contou aos prantos que deveria ter entregado as chaves do Conselho Universitário; ela as recebera de sua irmã mais velha, a quem haviam sido confiadas por uma amiga que, por sua vez, era amiga da irmã do desaparecido Strasser. A caminho dali, a menina ficara com medo e atirara as chaves no rio Isar, depois disso sentira ainda mais medo e agora confessava tudo.

[ABRIL DE 1919]

O ridículo era para mim uma das principais características da República dos Conselhos, um ridículo tão lamentável e forte que, durante muito tempo, considerei de todo improvável um

67 Refere-se aos irmãos Gregor e Otto Strasser (que não têm parentesco conhecido com Alexander Strasser).
68 Klemperer, na verdade, prestou juramento como *Privatdozent* na Universidade de Munique em 7 de junho de 1915.

desfecho de fato sangrento do deplorável episódio. Decerto haveria algumas vítimas, pois a pancadaria era parte do divertimento — mas um verdadeiro rio de sangue, como o que corre numa batalha autêntica? Absurdo! Tudo não passava de uma comédia. Acaso o famoso Gustav Landauer era uma figura menos ridícula do que o inominável Strasser? Em fevereiro, quando Eisner ainda vivia, quando ele ainda não era um estadista de proa, apenas um escritor renomado, eu o vira e ouvira na Sala de Música do Odeon proferindo um discurso em memória de Karl Liebknecht.[69] Um homenzinho franzino de casaca negra com uma juba negra ondulante de profeta falara num tom apaixonado de profeta do sucessor de Lutero — a quem Liebknecht retroagia sua árvore genealógica —, que, como salvador terreno, quisera dar a paz ao mundo e morrera como mártir. Naquela ocasião, Landauer descrevera a si mesmo como um "político apolítico", e ao mesmo tempo como um devoto da verdadeira república, a República dos Conselhos, e inimigo do embuste de Weimar. Agora eu o conhecia pessoalmente. Weckerle era seu secretário e estava em sua companhia na casa de Hans Meyerhof, onde ele parecia se sentir bem, melhor do que no Ministério da Cultura, cujos conselheiros e secretários o irritavam. Ele anunciara querer abolir o burocratismo, pôr ele mesmo tudo em ordem. Depois disso, um dia, toda a correspondência recebida fora colocada sobre sua escrivaninha dentro de um cesto de roupa suja: uma escola secundária pedia permissão para realizar um festival esportivo para suas classes mais adiantadas, o ginásio de esportes de uma escola de meninas precisava de reparos, um colégio procurava um substituto para seu falecido inspetor de alunos etc. etc. Ele perguntara o que seu antecessor no cargo faria com aquele monte de besteiras. Bem, os senhores de cada departamento teriam feito o trabalho prévio para o sr. ministro, de modo que ele não fosse sobrecarregado com ninharias. Landauer decidiu então que provisoriamente tudo deveria continuar a ser como antes. Quando o encontrei pela

---

69 Descrito em "Duas cerimônias em Munique. Por A. B.", publicado na edição vespertina de 12 de fevereiro de 1919 do *Leipziger Neueste Nachrichten*. Ver p. 119.

primeira vez na casa de Hans, ele ainda era ministro, mas já ultrapassara o zênite de seu poder literalmente efêmero. Nas relações privadas, a aura de profeta que envolvia sua presença se dissipava um pouco. É verdade que os longos cabelos pareciam excêntricos, e sua voz também agora ganhava facilmente um tom apaixonado, mas ele falava sem nenhuma afetação, e seus olhos castanhos davam antes a impressão de bondade que de realeza ou fanatismo. Minha impressão era que em tudo ele era um pouco superior a Eisner: um pouco mais sério, um pouco mais culto, um pouco mais idealista, um pouco mais radical (sem sede de sangue) e um pouco mais inepto como estadista. "Em três semanas", disse ele, "eu teria levado a cabo a reforma da universidade – ela é o que há de mais caro para mim, e também de mais importante –, mas eu não posso mais decidir nada sem a contra-assinatura de Levien". – "Se dependesse do senhor, como a teria feito?" Ele se inflamou, tornou-se prolixo e, ainda assim, nos pontos essenciais permaneceu numa confortável generalidade. Teria facilitado o ingresso na universidade, teria obrigado os professores a ensinar mais próximos à realidade da vida, teria exonerado os que estivessem de todo ultrapassados, teria abolido a Faculdade de Direito, uma vez que ela só servia para formar futuros servidores do Estado, teria instituído a liberdade científica, o historiador poderia demonstrar com franqueza e sem falsas glorificações como a Prússia fora formada pela reunião de territórios roubados. Perguntei-lhe o que faria com a liberdade de ensino na doutrina da economia política. Ele disse que nesse ponto seria preciso abrir uma exceção, mas apenas por um período de transição, apenas para a educação e o ajustamento de uma geração. Durante um tempo demasiado longo a doutrina socialista fora de todo silenciada, agora seria necessário que apenas socialistas assumissem a cátedra de economia política. A história da correspondência no cesto de roupa suja eu ouvira de Vossler, a quem fora contada por um conselheiro ministerial nada propenso a aumentar as coisas, e naquela ocasião a tomara por uma brincadeira ou, ao menos, por um exagero; agora eu acreditava nela literalmente. Encontrei-me ainda uma outra vez com Landauer, três dias depois do fim daquilo que eu ainda tomava por uma comédia.

Ele renunciara ao cargo, não queria ter nenhuma parcela de culpa na desgraça causada por Levien.[70] Disse que aspirava a uma República dos Conselhos ideal na Baviera, na Alemanha, mas Levien a estava transformando em uma penitenciária muniquense. Hans Meyerhof mostrou rindo – pois para ele, apesar de todo o entusiasmo, tudo não passava de um esplêndido jogo – o documento de identificação que acabava de receber do escritório da Liga Espartaquista: "O camarada Hans Meyerhof está autorizado a prender elementos contrarrevolucionários". Perguntei-lhe como conseguira aquele documento. Ele lhe fora impingido; se eu quisesse, poderia arranjar-me um também, a situação no momento era bem atroz. "Use sua autoridade", disse Landauer, "e prenda Levien". Foi a última frase que ouvi do pobre dom quixote: durante uma fuga, ele foi morto a pauladas por camponeses[71].

Havia ridicularias mais cruas na República dos Conselhos do que a fina tragicomédia de Landauer. A expressão mais representativa do novo Estado eram duas instituições que com seus nomes sonoros a ligavam à República dos Conselhos russa e à grande Revolução Francesa: o Exército Vermelho e o Tribunal Revolucionário. Partes do Exército Vermelho, quando não se colocavam sobre caminhões que cruzavam a cidade com espingardas engatilhadas, trotavam, pois não se podia chamar aquilo de marchar, de um lado para outro em tropas mistas, soldados e marinheiros misturados. As braçadeiras vermelhas, os quepes colocados de través e as espingardas às costas penduradas nas correias me eram conhecidas de Vilna e Leipzig. Os revolucionários de Munique faziam uma figura ainda mais pitoresca. Descendo até o cinto, cravejado com três ou quatro granadas de pino longo, balouçavam largos cachecóis cinza, nos quais se prendiam cartucheiras. Não eram poucos os soldados em cada

---

70 Em 16 de abril de 1919, três dias depois da tomada do poder no governo de conselhos por funcionários do KPD liderados por Eugen Leviné e Max Levien, Landauer renunciou a todas as suas funções políticas e seus cargos na República dos Conselhos.

71 Depois da derrota da República dos Conselhos, Gustav Landauer foi preso em 1º de maio e, um dia depois, ao ser levado para a prisão de Munique-Stadelheim, assassinado por soldados dos *Freikorps*.

tropa que levavam as espingardas com os canos voltados para cima a fim de exibir um adorno de penas. Essas penas ocupavam agora o lugar dos ramalhetes de flores do verão de 1914; elas vêm da criação de faisões do Jardim Inglês. O Exército Vermelho caçava ali em parte com as espingardas da infantaria, em parte com metralhadoras leves. Esse divertimento não era de todo inofensivo, pois, quando os camaradas ouviam na cidade os estampidos vindos do Jardim Inglês, eles às vezes se enganavam, pensavam que havia perigo e disparavam, por sua vez, tiros de advertência. Uma vez ao dia se disparavam tiros em toda a cidade, por outro motivo, mas claramente com o mesmo prazer que na caça aos faisões. É que no final da tarde, regularmente, aparecia um avião e atirava convocações. Por elas o governo legítimo de Hoffmann refugiado em Bamberg instilava coragem na população de Munique: libertadores estavam em marcha, havia canhões antiaéreos instalados no Hofgarten, em apoio a eles se disparava com espingardas das ruas, das janelas e dos telhados das casas e das casernas, risos e exclamações se misturavam aos estampidos, era um divertimento e tanto. Nada acontecia ao avião, e essa cena era parte do programa diário, tão certa quanto o pôr do sol. No começo Hans me disse: "Não virão libertadores, eles não ousam enviar tropas bávaras contra Munique, e enviar prussianos – quem não é bávaro é prussiano! – eles ousam menos ainda. E quem haveria para libertar? Os burgueses estão tranquilos, também com eles não acontecerá nada se permanecerem tranquilos. Os seus estudantes, aliás, que se cuidem". Mas então – não pudemos saber nada mais precisamente, os jornais, com exceção da folha de notícias do governo de Munique, estavam proibidos, as conexões postais, interrompidas –, então deveria haver tropas em marcha. As campanhas de alistamento para o Exército Vermelho ganhavam um tom de súplica e conclamação, cartazes nos muros ameaçavam os reacionários da cidade com a morte, viam-se, além dos soldados, civis armados com braçadeiras vermelhas, em sua maior parte trabalhadores da fábrica de máquinas Maffei, de tempos em tempos os sinos das igrejas soavam e as sirenes das fábricas uivavam servindo de alarmes. Então chegaram relatos de vitórias no front que deveria estar nas imediações de Dachau, relatos de vitória que, em sua imitação de telegramas do Exército sobre as grandes batalhas da Guerra Mundial, soavam engraçados. Não, eu não acreditava nem um pouco na seriedade de todo aquele episódio, era uma festa de carnaval na primavera, era uma mascarada, era no máximo uma pancadaria. E também aos reféns burgueses, que haviam sido instalados decentemente num hotel, nada aconteceria. Estava-se apenas encenando uma revolução. Pensei ver uma espécie de garantia da segurança dos reféns na conduta do Tribunal Revolucionário. Não podemos ouvir essa palavra sem ver diante de nós o cintilante cutelo e sentir o cheiro do sangue gotejante. E como combinava bem com as numerosas ameaças de pena de morte nos cartazes afixados nos muros que agora houvesse um verdadeiro Tribunal Revolucionário funcionando no antigo Palácio da Justiça! Compareci a uma sessão. [...][72]

Um soldado, que em estado de embriaguez realiza "controle de armas" em casas burguesas – os burgueses tiveram de entregar as armas "sob pena de morte" –, ameaçara a família com o revólver; as pessoas, aterrorizadas, pediram socorro por telefone, os camaradas que foram enviados desarmaram o desordeiro. Sentença: seis meses de prisão. A mim pareceu quase leve demais, mas o público resmungou no intervalo que para isso não teria sido necessário fazer uma revolução e colocar juízes proletários em lugar dos servidores formados, que por causa de uma tal bagatela um valoroso soldado do Exército Vermelho teria agora de cumprir pena de meio ano. Essa crítica deixou claro para mim que também a comédia do tribunal de justiça brando e honesto com o nome sanguinário era de uma espécie perigosa, tão perigosa quanto a ridícula indisciplina do Exército Vermelho. Segundo as novas diretrizes, as penas a serem aplicadas foram quase inteiramente deixadas ao critério dos juízes, que deviam fazer valer a justiça popular. Quanto tempo iria levar até que cedessem à pressão dos ânimos do povo e constituíssem um verdadeiro Tribunal Revolucionário? Não,

---

72 Aqui se segue uma passagem que Klemperer tirou de seu relato assinado A. B., de 19 de abril, que se lerá adiante. Ver p. 151.

eu não podia apenas rir desse jogo com a República dos Conselhos; era-me repulsivo, e era-me assustador, ainda antes de se tornar sério. Mas para onde voltar minhas simpatias? Eu não tinha nenhuma consideração pela burguesia muniquense. Parecia-me uma massa completamente apática. Dia após dia, sempre que passava pela Schellingstrasse, via um casal de velhos numa janela. Cada uma daquelas duas pessoas idosas tinha sua almofada, ambos observavam imóveis o que acontecia lá embaixo, mesmo quando não acontecia nada; tenho a certeza de que, tirando a hora das refeições, ficavam na janela de manhã à noite, e ficavam ali com o mesmo interesse indiferente e obtuso quando, em vez da revolução, havia uma guerra e, antes da guerra, a paz do reino branco e azul. Eu tomava esse casal na janela por um símbolo da burguesia muniquense por excelência. No radiante domingo de Páscoa, a Ludwigstrasse e a Schellingstrasse estavam literalmente pretas com os milhares de pessoas que saíam da missa como uma torrente, e na massa preta luziam centenas de pontos brancos: mocinhas vestidas de branco, segurando rigidamente suas velas diante de si, voltavam da comunhão. A cada dois minutos se ouvia um assobio estridente. Então um carro militar se aproximou, imperturbável, em alta velocidade, exibindo flâmulas vermelhas e metralhadoras. A multidão saiu do meio da rua, o carro passou correndo, a multidão voltou a se juntar teimosamente: a República dos Conselhos de Munique e a burguesia de Munique não pareciam ter nada em comum e não fazer nada de mal uma à outra.

Mas então a situação se tornou, sim, mais séria, e para ambos os lados. A terça-feira foi talvez o último dia de divertimento despreocupado. No período anterior havíamos tido muitas greves, mas jamais uma greve geral de fato, embora ela tivesse sido convocada pelo governo. Especialmente incômoda tinha sido a paralisação duradoura dos bondes. Nos dias de Páscoa eles puderam funcionar: o dinheiro da cidade-Estado se esgotara, e esta era uma boa fonte de recursos. Agora se dizia: "Último dia da greve geral; a cidade se enfeita com bandeiras vermelhas; às 11 horas, desfile dos batalhões de trabalhadores diante do Ministério da Guerra; às 17 horas, marcha de protesto". Assisti aos dois eventos. A parada dos batalhões foi boa, uma vez que não eram soldados que desfilavam. Os trabalhadores em trajes civis, pessoas mais velhas com semblante grave, muitas vezes amargurado, levavam suas espingardas, e sua atitude não era outra senão a que tinham quando estavam em suas posições lá fora. Os soldados, ao contrário, eram jovens rapazes que visivelmente tomavam tudo aquilo por um divertimento atrevido. "Se a coisa de fato ficar séria", escrevi, "os trabalhadores lutarão e os soldados correrão". Mas a grande demonstração da tarde me deixou mais convencido do que nunca de que a coisa não ficaria séria! Que festa popular! Pela manhã alguns milhares haviam desfilado, agora era uma grande massa que percorria a Ludwigstrasse com um sem-número de bandeiras vermelhas esvoaçantes, gente armada e desarmada, homens e mulheres, meninas e meninos, todos conversando tão alegres e gritando juntos a plenos pulmões quando o comandante pedia um viva à República dos Conselhos, e urrando ainda mais felizes quando soltavam um "abaixo!". "Abaixo os socialistas dos Hohenzollern!" Eles jogavam os braços para o alto, e os mais ousados sacudiam as espingardas acima da cabeça. E então cantavam, e então voltavam a conversar – não, a coisa não ia ficar séria, era só um jogo. E talvez aquela fosse a apresentação de despedida do governo de fantasia, pois também corria o boato de que um grande número de tropas do Reich estava em marcha. Certamente o governo haveria de se render e capitular a tempo. – Mas então, de fato, a coisa ficou séria. Nos dias seguintes a situação se agravou. A comida escasseou, os saques aumentaram, mais tiros foram disparados, os alarmes começaram a soar com mais frequência. Só os disparos generalizados contra os aviões de Bamberg foram rigorosamente proibidos, e isso estava relacionado com uma vantagem militar do governo dos conselhos. Agora ele dispunha de seus próprios aviões, que não deviam ser confundidos com os do inimigo, o destacamento aeronáutico de Schleissheim havia "cerrado fileiras à sua retaguarda". Quantas vezes naquele ano eu ouvi essas palavras da moda: tropas, comunidades, associações cerravam fileiras à retaguarda de um governo, de um partido, de uma resolução, à retaguarda do que havia de mais importante e de mais insignificante, cerravam hoje fileiras à retaguarda dos vermelhos e amanhã cerravam fileiras à retaguarda dos brancos. Apenas uma outra expressão podia ser ouvida com a mesma frequência naqueles dias: as salvaguardas da Baviera seriam, como agora se diz, "ancoradas na Constituição", conforme declarou o deputado democrata Quidde, a quem ouvi discursar diante de seus correligionários de Munique a respeito dos trabalhos da Assembleia Nacional no último momento antes da proclamação da República dos Conselhos. Cerrar fileiras à retaguarda de alguma coisa, e ancorar alguma coisa — todo o anseio de milhões de pessoas dilaceradas e desenraizadas se manifesta através dessas duas palavras de ordem, que num brevíssimo espaço de tempo não apenas se tornaram triviais, como também adquiriram significados ominosamente contraditórios: os que cerravam fileiras atrás de alguma coisa sem dúvida não eram confiáveis, e o que era "ancorado" sem dúvida não permanecia em seu lugar. As salvaguardas da Baviera, aliás, cujo ancoramento Quidde anunciara aos liberais de Munique, eram um sucedâneo dos antigos direitos reservados[73], criticados oficialmente tanto pelos seus termos quanto pelo seu conteúdo. "Vocês não precisam exigir um Ministério da Guerra bávaro, aliás nem devem fazê-lo, pois senão também os prussianos reivindicarão um Ministério da Guerra exclusivo da Prússia, e a consequência disso seria a velha dominação prussiana", foi o que o homem teve de dizer para pacificar sua gente. A esse ponto chegava o particularismo mesquinho, mesmo na pequena parcela progressista da burguesia bávara. Não, essa burguesia não podia me despertar uma simpatia maior do que a que eu tinha pelos espartaquistas. E agora, quando a burguesia começava a perceber que o jogo da República dos Conselhos, ao qual tinha até então assistido com um tanto de apatia e outro tanto de contrariedade, poderia, sim, significar para ela algo pior do que apenas uma festa de carnaval desvairada, de que modo ela demonstrava seu despertar para a resistência? Através de um

---

73 Direitos especiais de soberania que Bismarck concedeu à Baviera e a Württemberg quando da unificação do Reich em 1871, compreendendo, entre outras instituições, as forças armadas, os correios e os telégrafos.

antissemitismo espontâneo. "Porcos judeus!", xingavam alguns diante dos cartazes nos muros. "Porcos judeus!", urrava às vezes um pequeno coro, e circulavam panfletos que atribuíam aos judeus toda a culpa pela República dos Conselhos, pela própria revolução, pela maquinação da guerra, por seu desfecho funesto. A diferença entre os panfletos e os discursos feitos na rua consistia tão somente em que os panfletos responsabilizavam apenas os judeus por tudo, enquanto a parolagem burguesa mencionava os prussianos ao lado dos judeus, numa combinação tão estreita que "judeu" e "prussiano" soavam muitas vezes como sinônimos para o mesmo princípio do mal.

Para que lado voltar minhas simpatias? Do modo mais natural, elas pertenciam ao círculo da universidade, no qual se defendiam a coesão da pátria, a paz e a ordem internas, até para que a Alemanha não estivesse de todo desamparada em suas negociações com a Entente. Também no âmbito acadêmico não faltavam adesões que tinham pouco apelo para mim. Que estranha me parecera a ovação ilimitada de uma assembleia estudantil no *Auditorium Maximum*, quando se divulgou o primeiro panfleto consolatório do governo de Bamberg. Com exceção de um grupinho muito pequeno, os discursos dos estudantes não eram nem socialistas nem liberais − se dependesse deles, a Alemanha teria reentronizado a monarquia e ganhado uma Constituição muito conservadora. E como rugiram de alegria quando o governo de maioria socialista do Estado Livre da Baviera deu um sinal de vida. Ainda assim, a esquisitice dessa manifestação tinha em si algo de comovente. Diante da República dos Conselhos, o fraco governador socialista Hoffmann encarnava para eles a ordem do Reich. Como era constrangedor o longo e letárgico vaivém dos professores, antes de concordarem (e é preciso dizer que só depois de muito palavrório) em renunciar coletivamente aos seus cargos, caso a República dos Conselhos quisesse impedir qualquer um deles de lecionar, como era morna a posição que tomavam, também coletivamente, diante de Weimar. Mesmo assim: até depois da Páscoa eu me sentia inteiramente ligado aos acadêmicos. Mas agora também nesse meio o antissemitismo grassava, para a massa dos estudantes o judeu era o cômodo inimigo comum e a maioria dos professores não pensava em se opor ao crescente antissemitismo. Não quero exagerar: havia então em Munique um bom número de docentes e estudantes que rejeitavam totalmente essa hostilidade inflamada contra os judeus, e durante todo aquele período em Munique, eu, pessoalmente, jamais sofri com o antissemitismo, mas me sentia, sim, oprimido e isolado por causa dele. E justamente naqueles dias a sensação de isolamento, que eu queria de toda forma evitar, se intensificou em mim da maneira mais constrangedora. Desde março, a pobre Sonja Lerch ressuscitara de entre os mortos, por fora pouco mudada, no íntimo totalmente outra, na figura de sua irmã mais velha. Quando Lydia Rabinowitz, em companhia de Lerch, veio pela primeira vez à nossa casa, nós dois quase tomamos um susto, tão grande era sua semelhança com a falecida. Também tivemos de imediato a impressão de que Lerch procurara e encontrara consolo nela. Lydia Rabinowitz, com seus olhos duros e sua atitude excessivamente segura de si, foi desde o início pouco simpática, mas seu comportamento conosco era impecável, e ela não era uma pessoa desinteressante. Gabava-se de ter experimentado uma dúzia de profissões e áreas do conhecimento, e de ter iniciado diversos estudos – em especial em história da arte e medicina; era divorciada, tinha em algum lugar da Suíça um filho de 10 anos e agora pretendia se formar como professora de ginástica rítmica. Depois de termos passado juntos sofrivelmente algumas semanas, e de nós quatro nos havermos encontrado uma vez na casa de Vossler, eu a vi, pouco depois da Páscoa, no animado saguão da universidade. Fui ao encontro dela com a mão estendida e disse: "Faz uma semana que não nos vemos, venha com Lerch nos visitar em nossa pensão". Ela não apertou minha mão, olhou-me fixamente e disse alto, para que todos ao redor ouvissem: "Disseram-me que o senhor se faz passar por protestante. Não me relaciono com judeus convertidos". E me deu as costas. Na noite daquele dia faríamos uma visita a Vossler e lá encontramos os "Lerch", como costumávamos chamá-los. Minha mulher e eu conversamos com os Vossler e com Lerch, sempre por cima da cabeça de Rabinowitz, que estava sentada entre nós, como se sua cadeira estivesse vazia; impossível que não desse na vista. Saímos cedo, e ao chegar lá embaixo eu disse: "Agora vão falar mal de mim". No dia seguinte houve discussões penosas, primeiro com Vossler, depois com Lerch. Vossler disse que Rabinowitz era uma sionista fanática, e todos os fanáticos lhe eram insuportáveis, mas Rabinowitz era protegida de Lerch, e ele precisava de Lerch (uma necessidade à qual ainda voltarei a me referir). Rabinowitz publicara um artigo no *Bayrischen Kurier* segundo o qual os alemães deixavam a desejar com seu antissemitismo; ela, por sua vez, considerava traidores todos os judeus que se declaravam alemães. Lerch chegou mais tarde, querendo em parte interceder, em parte me intimidar, e as duas coisas me irritaram igualmente. Disse que "judeu convertido" não era nenhuma ofensa a que eu tivesse de revidar com tanta rudeza; sua cunhada sugeria agora uma espécie de diálogo religioso; se eu o recusasse, ela me chamaria a prestar contas publicamente. Recusei qualquer discussão com ela e adverti Lerch das consequências que qualquer outro ataque teria também para ele. Eu de fato não saberia dizer que consequências poderiam ser aquelas nem como deveria me comportar se a raivosa Rabinowitz me insultasse na sala de aula diante dos estudantes. Mas Lerch parecia ter ficado com medo, e já deveria lhe bastar a sensação que sua primeira mulher causara. Assim, talvez ele tenha posto sua cunhada em xeque – em todo caso, não aconteceu mais nada. Passamos a ter o cuidado de nos evitar, e dali em diante os convites de Vossler costumavam soar como "Lerch esteve em casa ontem – o caminho estará desimpedido".

Entrementes a República dos Conselhos caminhava rapidamente para o seu fim. Por um momento ainda pareceu que o desfecho deveria ser ridículo e sem derramamento de sangue. Depois do fim da greve geral, os jornais voltaram a circular, embora sob censura prévia. O *Post* trazia o relato de uma reunião em que os comissários do povo prestariam contas da situação de seus departamentos. O ministro da Alimentação explicara que seus estoques dariam ainda para duas semanas, desde que não tivesse de entregar nada aos burgueses. O ministro das Finanças explicara que também poderia dar garantias para o mesmo período de tempo, desde que a fábrica de papel de

Dachau não fosse perdida para o inimigo. Mais que isso não se poderia conseguir dela, porque o governo Hoffmann havia levado consigo todas as prensas, com exceção daquelas para impressão de notas de 1 e de 5 marcos. Em seguida Levien renunciou à presidência, e agora se deveriam iniciar negociações com Bamberg. Se não se realizara tudo o que a República dos Conselhos almejara, ao menos se tinha feito um trabalho preparatório, educativo e benéfico de acordo com as suas orientações.

[ABRIL/MAIO DE 1919]

[...][74] Andei durante um bom tempo pela Ludwigstrasse. Em toda parte a mesma coisa: as pessoas falavam com repulsa do assassinato de reféns e com satisfação dos libertadores, não os incomodava nem um pouco que os libertadores pudessem ser prussianos. Mal cheguei em casa, em torno das onze horas, quando alguns tiros foram disparados na vizinhança imediata e logo em seguida se ouviu o ruído de uma bicicleta que caía lá embaixo. Corri para a janela; ao lado da bicicleta estavam um soldado da Guarda Vermelha, um senhor idoso que o segurava pelo braço e um jovem que lhe arrancava do pescoço o cachecol cheio de cartuchos. A espingarda estava caída ao lado da bicicleta na beira da calçada. O guarda se libertou, saiu correndo e durante a corrida arrancou a braçadeira vermelha. Era o começo da contrarrevolução burguesa.

Saí outra vez, afinal eu estava de serviço como A. B. No dia 8 de abril, Harms havia me telegrafado pedindo notícias, e desde então eu escrevia um diário da revolução. É verdade que até aquele momento só conseguira enviar o começo, todo o restante estava guardado em minha casa, mas agora o caminho iria ser novamente liberado. Quando cheguei à Ludwigstrasse, reinava a paz. Sobre o Ministério da Guerra tremulava a bandeira azul e branca, sobre a Residência, a azul e branca ao lado da vermelha, sobre o Palácio de Wittelsbach (um ponto central do governo

74 Aqui, num breve trecho, Klemperer insere excertos retirados imediatamente dos relatos de A. B. de 30 de abril e 2 de maio. Ver p. 159 e p. 164.

dos conselhos), um pano branco. Civis, nos quais com grande probabilidade reconheceríamos os antigos estudantes e oficiais, com uma espingarda ou um revólver na mão, uma braçadeira, um lenço ou uma bandagem branca ao redor do braço, corriam sozinhos ou em pequenos grupos não sei para onde. Também soldados da guarnição usavam braçadeiras brancas, embora ontem ainda "cerrassem fileiras" à retaguarda da República dos Conselhos e usassem braçadeiras vermelhas. Essa virada se deu com a rapidez de um raio, embora ainda não houvesse nem sinal da marcha das tropas do Reich. Os espartaquistas deviam, portanto, ter sido completamente aniquilados. Só no início da tarde os vencedores entraram na cidade. Hoje é um clichê jornalístico muito disseminado por toda parte e inteiramente falso dizer que os conquistadores foram em sua chegada "saudados com júbilo como libertadores pela população resgatada". Mas dessa marcha das tropas em Munique no dia 1º de maio de 1919 eu não posso de fato dizer senão isto: vieram uma cavalaria pesada da Baviera, dragões de Württemberg com flâmulas em preto e vermelho, o *Freikorps* de Epp com a cabeça de leão dourada sobre um losango negro no antebraço e prussianos com a caveira branca dos hussardos de Potsdam nos quepes. Todos eram saudados com gritos e acenos de lenços e recebiam de presente charutos e cigarros. Houve uma verdadeira festa popular diante da universidade, onde as tropas prussianas foram provisoriamente alojadas. Pela primeira e única vez em minha vida – o esplendor mal durou dois dias – eu vi uma alegre confraternização bávaro-prussiana. Homens, mulheres e crianças treparam no Siegestor[75], acocorando-se pitorescamente sobre a quadriga de leões, agitando bandeiras, acenando e gritando. No semicírculo diante da universidade, onde carros e um canhão apreendido haviam sido estacionados, os muniquenses se ajuntavam e conversavam com os guardas e soldados espalhados por ali sem ter o que fazer – era o encontro mais divertido entre o berlinense e o muniquense. [...]

75 Arco triunfal de Munique, que fica entre a universidade e a Ohmstrasse.

[MAIO DE 1919]

No centro da cidade havia um fogo intenso: tiros de espingarda, tiros de metralhadora, granadas, minas – podia ser, sim, que os espartaquistas ainda não tivessem sido aniquilados; uma escaramuça, uma verdadeira batalha estava em curso. Ela não podia durar muito, pois um exército inteiro estava chegando, tropas e mais tropas marchavam, os espartaquistas seriam asfixiados em poucas horas. Mas a batalha atravessou a noite inteira e todo o dia seguinte. E mesmo então, quando todas as partes de Munique estavam inquestionavelmente nas mãos das tropas do Reich, os combates não haviam cessado, e não cessariam ainda por alguns dias. Acordávamos com a explosão de uma granada, seguiam-se tiros de espingarda, a artilharia juntava-se a eles, demorava uma hora até que retornasse a paz. Caminhávamos por uma rua tranquila – e alguém então gritava: "Liberem a rua, logo haverá tiroteio", e antes que alcançássemos o vestíbulo de um edifício já se ouviam silvos e tiros; abríamos uma janela, algo passava sibilando junto de nosso ouvido, e logo em seguida duas fileiras de soldados, colados às paredes das casas, desciam a rua, cada um deles ameaçando as janelas do lado oposto com as espingardas engatilhadas. No começo se dizia: "Os espartaquistas resistem por puro desespero, pois sabem que estão perdidos, depois do assassinato dos reféns eles não podem contar com nenhum perdão". Mas pelo menos quem sobrevivesse aos dias de batalha propriamente dita teria a possibilidade de fugir ou de se manter escondido – por quê, então, continuava a haver ataques ferozes contra as sentinelas e patrulhas, que os agressores por fim sem dúvida pagariam com a vida? Não era apenas desespero, era a raiva ilimitada, era um heroísmo inquestionável que levava aquela gente a continuar lutando. Com quem estavam minhas simpatias? Com certeza não era com os espartaquistas.

O princípio político que os orientava era a servidão, a conduta deles em Munique fora na maior parte do tempo infantil e, por fim, desandara em um fanatismo sangrento. Mas também as tropas vencedoras – com uma superioridade numérica tão grande, vencer não era, afinal de contas, um ato heroico – davam mostras de pouca humanidade. Claro que elas haviam sido levadas a um extremo de excitação pelo assassinato dos reféns, pela reação inesperadamente encarniçada e depois pela erupção sempre renovada, muitas vezes homicida, da resistência que se imaginava extinta. Mas cometeram muitas atrocidades. O caso da Associação Católica de Aprendizes foi o que mais provocou agitação. Vinte e um aprendizes de operários, católicos piedosos, honestos, burgueses, estavam pacificamente reunidos e, antes que pudessem se identificar, foram alvejados, digamos, por engano por uma patrulha invasora que os tomou por comunistas. A imprensa muniquense enfatizou com insistência que o triste erro fora cometido por soldados bávaros, e não prussianos. Ao mesmo tempo, cartazes nos muros reiteravam que os fuzileiros berlinenses não viviam dos suprimentos de Munique, mas tinham trazido consigo suas próprias provisões. Ambas as publicações eram necessárias, pois a simpatia pelos libertadores prussianos já havia acabado, ninguém mais lhes acenava com o lenço e todos os xingavam pelas costas. Se tanto os vermelhos quanto os brancos me despertavam pouco apreço, mais que nunca os cidadãos de Munique me causavam repulsa. No segundo dia de combates eu estava entre eles, ora na praça Stachus, ora no Propileu[76]. Essas eram as margens da zona de combate, ali começavam os bloqueios, dali novas tropas se lançavam ao ataque, por vezes até uma granada explodia muito perto de nós. Então todos recuavam, se escondiam no vestíbulo de algum prédio – e dois minutos depois voltavam para o mesmo lugar. A praça Stachus tinha uma aparência de romantismo selvagem. No meio da praça, um quiosquezinho fora incendiado, e a coluna de anúncios ao lado dele havia sido destroçada por uma granada; o madeiramento do grande edifício Mathäser estava destruído, as casas cinzentas tinham muitas marcas de tiros, uma bala abrira um buraco na cúpula do Palácio da Justiça, a torre quadrada da igreja luterana exibia feridas (quando a luta começou, minha mulher tocava tranquilamente ali). E, em toda parte, janelas crivadas de tiros e um emaranhado de fios elétricos rompidos e pendentes. Por toda parte havia metralhadoras

76 Portão monumental de Munique, na Königsplatz.

no chão, o longo pente de balas pronto para entrar em funcionamento, e em toda parte guardas, patrulhas e contingentes maiores. O público não se limitava a observar e discutir, queria participar do jogo e recaía sempre no mesmo jogo. A todo momento alguém despertava suspeitas. Teria demonstrado compaixão pelos vermelhos – também gostavam de chamar os vermelhos de "porcos judeus" –, teria usado uma braçadeira branca visivelmente nova – "ainda ontem usava uma vermelha" –, teria sido "visto com alguém", teria uma caderneta de espartaquista. Logo essa pessoa estava rodeada de gente, havia pelo menos um que a ameaçava com a pistola, ela devia erguer as mãos acima da cabeça e era levada sob vaias para a patrulha mais próxima. Com quem estavam minhas simpatias? Talvez, como sempre, com os acadêmicos. No *Auditorium Maximum* havia um *meeting* triunfal, que era ao mesmo tempo uma sessão de recrutamento para o *Freikorps* de Epp. Postos de recrutamento para os *Freikorps*, antes proibidos em Munique, estavam agora instalados por toda parte. Mas o "Corpo de Fuzileiros" de Epp contava principalmente com os estudantes e estava aureolado por uma glória acadêmica especial. Seu chefe, condecorado no começo do século como oficial colonial, primeiro comandante burguês dos *Leiber* na Guerra Mundial, era tido na universidade como o verdadeiro salvador e a verdadeira esperança para o futuro da pobre pátria. Havia sob o comando de Epp companhias inteiras formadas exclusivamente por estudantes, estudantes estes que já haviam sido tenentes na guerra e agora prestavam serviços de soldados comuns. Um desses jovens fez o discurso de triunfo e recrutamento. Em meu relato sobre esse evento há uma frase da qual eu me orgulhava: "Eu temia o tempo todo que ele cometesse um lapso e, em vez de Epp, dissesse... Schill". Mas havia ainda um outro temor em mim, e esse, pelo menos naquele artigo, eu guardei comigo. Quando o entusiasmado orador falou em "elementos estranhos", dos quais no futuro a pátria deveria ser protegida, eu temia que, em lugar de "elementos estranhos", ele dissesse "porco judeu". E ao mesmo tempo eu ouvia a acusação de Rabinowitz: "O senhor se faz passar por protestante". Não, eu não me fazia passar, eu era protestante, porque eu era alemão. Mas aquelas pessoas ali reconheceriam minha germanidade? Seria melhor esconder minha origem? Eu tinha um grande peso no coração. A universidade fizera uma aliança formal com Epp. O semestre de verão seria planejado de tal forma que os estudantes poderiam prestar serviço em determinados dias e estudar em determinados dias — mais tarde também, como já foi dito, os que não tinham feito o *Abitur* foram dispensados da prova, desde que ingressassem no *Freikorps*. Os próprios docentes deveriam dar um bom exemplo e receber treinamento militar na tropa por algum tempo, pela tropa foi-lhes solenemente garantido o tratamento mais respeitoso durante os exercícios e toda a consideração pelo seu trabalho acadêmico. Quem tinha tomado parte na guerra não precisaria sequer ir para a caserna: uma assinatura bastaria para ingressar nas forças reservistas de Epp, que seriam convocadas em caso de extrema necessidade. Também eu assinei um tal compromisso. Não sei o que foi feito de meu tenente espartaquista Strasser e se ele tem alguma relação com os Strasser nacional-socialistas, mas sei que meu coronel Epp se tornou governador no Terceiro Reich. Várias semanas depois dessa reunião de recrutamento eu entrei na universidade à noite pela porta dos fundos, na Amalienstrasse. Tínhamos agora nossa própria segurança, pois em toda parte do estado havia tumultos, e em Munique eles podiam eclodir a qualquer hora. Alguém me chamou bem de longe: "Alto! O senhor tem autorização para entrar?", tirou a espingarda do ombro com um gesto brusco e veio em minha direção. No mesmo instante nos reconhecemos. "Desculpe, colega…" "Ah, é o senhor, colega Matthias Meier, não sabia que era tão belicoso." O homenzinho era conhecido de todos os docentes como Galimatthias Meier[77]; tinha feito sua habilitação como filósofo católico sob a orientação de Baeumker, era uma pessoa muito pacífica e um colega muito agradável. Politicamente pertencia à ala esquerda do Partido do Centro Alemão e estava tão de acordo quanto eu com a Coalizão de Weimar. "Eu não podia ficar de fora", disse ele, "o senhor também assinou — mas o senhor tem a vida mais fácil — eu tenho de me exercitar e ficar de guarda". — "Sua

77 Galimatias: discurso confuso, sem sentido.

espingarda está travada?" – "Não, como é que se faz isso?" Pus-me com cuidado às suas costas e a travei. "Senão poderia acontecer uma desgraça, quando o senhor balança assim a espingarda." – "Sim", disse ele, "há pouco deixei escapar um tiro contra o telhado. Mas não aconteceu nada". E então acrescentou pensativo: "Diga-me, a quem estamos de fato servindo sob o comando de Epp? A república e a paz, de verdade?". Eu disse: "Em todo caso, o mal menor". Fiquei feliz com minha resposta, mas não me sentia nada bem.

No fundo, apesar de as coisas não andarem boas para ele, Hans Meyerhof, em sua mistura de obstinação e deboche, ainda estava melhor do que eu; em seu íntimo não havia a menor divisão, ele se deleitava com o que havia de aventuroso nos acontecimentos – do quanto, eu ainda haveria de me convencer dez anos depois.[78] Um acidente providencial o protegeu durante os dias de combate. No final de abril ele sofreu uma fratura e teve de ser operado imediatamente. Em 4 de maio o visitei no hospital Israelita, um prédio com feitio de *villa* fora do centro, próximo à estátua Bavaria[79]. Por toda a cidade havia caçadas humanas e revistas domiciliares; dizia-se que os soldados bávaros aprisionados tinham ainda, como já acontecia lá fora na época da guerra, uma estranha inclinação para tentativas de fuga com desfecho fatal. Encontrei Hans num quarto pequeno com duas camas, uma delas desocupada. Ele parecia não ter dores, mas ainda estava fraco e muito pálido; na moldura da barba ruiva cerrada seu rosto parecia quase verde. Na cabeceira da cama, pouco menos pálido do que ele, seu mau demônio, Weckerle, lhe contava os assassinatos cometidos pelos brancos. Ele mesmo conseguira até aquele momento escapar de ser preso, mas ainda não lograra ir embora de Munique. Ao me ver, apressou-se a concluir seu relato. "Vou deixá-lo agora com seu amigo burguês", terminou,

78 Hans Meyerhof visitou Victor e Eva Klemperer em fevereiro de 1921, durante uma viagem pela Alemanha; tornaram a se ver oito anos depois, em março de 1929, quando Victor e Eva se encontraram com ele e Elena Marwerth na residência dos dois em Palermo, durante uma viagem de navio de Gênova para Hamburgo através da Sicília.

79 Estátua colossal de bronze do Theresienwiese, representando o Estado da Baviera.

hostil, e partiu sem me estender a mão. Quando já estava para sair pela porta, declarou ainda: "E a República dos Conselhos virá. Se for sufocada aqui, ela se erguerá em outro lugar". Não tornei a vê-lo, e mais tarde Hans me disse que ele havia escapado e estava em algum lugar no Oeste, creio que em Darmstadt, trabalhando num jornal comunista. "Hans", eu disse, assim que Weckerle saiu do quarto, "não vamos falar de política agora – você tem papéis perigosos consigo?". – "Minha carteira está aqui na mesinha de cabeceira, fora ela não há mais nada." – "Já é o bastante, Hans." A carteira continha a identidade de membro da Liga Espartaquista e sua autorização para realizar prisões. Tirei os dois papéis da carteira e os atirei na privada mais próxima. Depois ainda o informei: "Se o interrogarem, pode apelar para mim, pode dizer que sou correspondente das *Leipziger Neueste Nachrichten*, não precisa me considerar um traidor por isso, eu enfatizei o idealismo puro de Eisner e de Landauer, eu me opus ao antissemitismo dos cidadãos e dos estudantes". Disse isso para apaziguar Hans, pois pensava que ele iria me atacar apaixonadamente. Mas ele apenas riu, e não foi sequer com escárnio, e sim com certo reconhecimento. Enviar relatos quase que do quartel-general da República dos Conselhos para um jornal pangermânico, no qual se falava do controle das "correspondências estrangeiras", era, afinal de contas, ousado e aventuroso. Duas horas depois de minha visita, a polícia revistou os bolsos e a carteira de Hans. Soube disso no dia seguinte por Hamecher, que, por sua vez, cuidara para que nada de suspeito fosse encontrado no covil de contrabandistas. Os soldados haviam revistado o local, Elena fora presa, mas pouco tempo depois foi novamente posta em liberdade; fizera-se de desentendida, e para tanto sua surdez viera a calhar. Os homens, Hamecher ainda acrescentou, tinham uma lista de todas as pessoas que frequentavam a casa de Meyerhof. "Seu nome estava nela." Por mim estava tudo em ordem, eu havia informado Hans de que ele deveria me citar como testemunha; mas no fundo eu estava, sim, inquieto.

Parte II
Diário da revolução (1919)

Política e boêmia

O enigma de Munique. – Os protobávaros Eisner,
Mühsam e Levien. – A boêmia política. – A propriedade
comunista com dois tipos de amor. – O efeito no
exterior. – As perspectivas futuras de Eisner.

[MUNIQUE, INÍCIO DE FEVEREIRO DE 1919]

Acontece hoje com a política de Munique o que antes acontecia
com a arte de Munique; a gente se pergunta: onde foram parar
os muniquenses ou os bávaros? Na arte você topava com nomes
da Prússia Oriental, de Württemberg, de todos os lugares possíveis – e, no entanto, se tratava de "arte muniquense". E agora,
na política? É de fato desnecessário acusar o governador de
ser um galiciano e colocar sob suspeita seu nome alemão. Ele
próprio confessou ser um "prussiano", e berlinense ainda por
cima. E seus principais opositores no campo da esquerda, tão
apreciados em certos círculos quanto Eisner – pois ele goza de
apreço mesmo hoje, depois que o resultado das eleições lhe foi
em certa medida desfavorável! –, seus opositores radicais também não são mais bávaros do que ele. Erich Mühsam, o nobre
anarquista, cuja estrela começou a brilhar no Café des Westens,
em Berlim, e durante muito tempo irradiou um suave brilho literário (apesar de todas as luzes de nobre anarquismo) antes de
se tingir de um vermelho verdadeiramente sangrento, Mühsam,
que por natureza sempre foi uma criatura amável, solícita, nada
belicosa, e cujo heroísmo revolucionário ainda hoje nos faria
sorrir se não tivesse, por outro lado, um aspecto perturbador e
perigoso, é, enfim, bastante conhecido como um espécime da
flora do lado oeste de Berlim[1]. Quer dizer: ele foi transplantado

---

1   O lado oeste de Berlim era conhecido como reduto de jornalistas, literatos e
    artistas.

para lá, pois cresceu como filho de um farmacêutico de Lübeck, naquela época ainda uma pacata cidade hanseática.

Uma aparição recente é o dr. Levien — conforme comunicado de Munique, o dr. Levien foi preso há poucos dias —, homem que desempenha papel dos mais sérios no Conselho de Trabalhadores e Soldados e na Liga Espartaquista, e a quem o governo, que não gostaria de produzir nenhum mártir, considera figura para lá de incômoda. Antecipemo-nos: o dr. Levien não é nenhum judeu russo, tem sangue germânico nas veias, sacode com gestos vigorosos umas madeixas louras, tem uns olhos azuis faiscantes, puxa com a mão esquerda o botão de seu uniforme cinza de campanha mais próximo ao coração toda vez que, com a direita estirada para o alto ou para a frente, refuta a acusação de ser um estrangeiro, de não ter direito de participar da discussão. Foi assim, pelo menos, que o vi e ouvi em uma assembleia na qual ele trovejava contra o "reacionário" Eisner. Contudo, quando pintou os pobres bolchevistas acusados de heresia em suas cores verdadeiras, ou seja, nos suaves tons róseos de benfeitores da humanidade, e, de súbito, respondeu a uma nova acusação, a de conhecer bem demais a situação russa, ele, com a mesma convicção e a mesma abundância de gestos com que antes trovejara: "Eu lutei como alemão do campo de batalha!", saiu-se desta vez com um "Eu nasci na Rússia!". Assim, alguma coisa não está em ordem com a condição bávara desse líder do povo. Não, ele é filho de alemão, nasceu na Rússia, respirou ar russo e, durante um brevíssimo espaço de tempo, o ar de uma prisão russa. Envolveu-se ainda muito jovem no movimento revolucionário russo, estabeleceu na prisão relações estreitas com uma revolucionária russa, mais tarde foi com ela para Zurique; ambos estudaram lá e viveram imersos na atmosfera singular da Suíça russa — sempre houve uma Suíça russa, bem como uma inglesa, em meio às mais conhecidas partes alemã, francesa e italiana do país. Só pouco antes da guerra ocorreu ao dr. Levien que, finalmente, no último momento, ele tinha de cumprir suas obrigações militares alemãs se não quisesse perder sua cidadania. Um amigo lhe fez uma descrição sedutora de Munique, aqui ele entrou para os *Leiber* — e então eclodiu a guerra. Por um breve momento esteve, de fato, no campo de batalha, chegou a sofrer um ferimento leve, mas depois, por um longo tempo, prestou serviços administrativos no Leste e em casa. Dizem que o trouxeram de volta para cá porque quando estava no Leste mantinha relações demasiado estreitas com os bolchevistas. E agora ele é um dos mais radicais líderes do povo em Munique.

O enigma Munique. O bávaro é tão orgulhoso de sua origem, tão refratário a todo estrangeiro, em especial a todo nórdico, a quem gosta de chamar pelo nome genérico de "prussiano", e agora quem governa são os senhores Eisner, Mühsam e Levien, cada um em seu círculo! Já se procurou uma solução muito simples para o enigma. Disseram de Eisner (e isso vale ainda mais para Levien) que ele reina em Munique porque está em guerra acirrada contra Berlim. Isso sem dúvida também desempenha um papel. Eisner apelou fortemente – ao menos em algumas ocasiões – ao particularismo bávaro; e quando Levien vocifera contra os cães sanguinários Ebert e Scheidemann, aos quais agora veio se juntar o supremo cão sanguinário Noske, está se referindo justamente a assassinos berlinenses e prussianos sedentos de sangue. Mas, ainda assim: esses dois homens são completamente a-bávaros em sua essência e, sobretudo, em seu dialeto – algo de grande importância neste caso, de modo que o antiprussianismo por si só não pode de modo algum constituir a possibilidade de desempenharem o papel de líderes.

Não, na política de Munique acontece o mesmo que na arte de Munique: para participar dela não é necessário ser nem um bávaro nato nem um muniquense nato. E isso é mais do que uma comparação, ambas são a mesma coisa! Justamente nisso reside a solução do enigma. Em outras revoluções, em outros tempos, em outros lugares, os líderes emergem da rua, das fábricas, das redações e dos escritórios de advocacia. Em Munique, um grande número deles se originou da boêmia. É preciso apenas considerar – e aqui está uma tarefa para os futuros romancistas e historiadores da cultura – que o conceito de boêmia, a sua esfera, se ampliou durante a guerra. Antes de 1914, boêmios eram poetas ou pintores ou jornalistas ou músicos. Hoje todos estes ainda o são, seja essa sua ocupação principal ou secundária. Mas agora também são políticos, também são economistas; para dizer de um modo mais simples e claro: também se interessam muito por contrabando e mercado negro, se interessam (quase sempre em sentido negativo) pela relação entre o indivíduo e as massas, dirigem um olhar, por assim dizer, para as coisas que ficam fora das seções culturais dos jornais e antigamente eram desprezadas como antiestéticas. O nexo entre boêmia e política aqui em Munique é o mais estreito que se possa imaginar. Eisner não é um boêmio, não se sente um artista e poeta, como ele mesmo não se cansa de afirmar? Mas o povo de Munique não exige da boêmia que ela seja bávara; talvez um sangue genuinamente muniquense seja precioso demais para pertencer a esse círculo. *A boêmia muniquense é uma legião estrangeira*, mantida para a distração, para o divertimento do cidadão muniquense. E agora, no lugar da distração artística, entrou o divertimento político…

Tudo isso soa muito esquisito e muito exagerado. Mas quem parar para refletir com muita seriedade verá que não se trata de nenhum exagero, que aqui apenas expomos um ponto central da vida política local em si, despido de tudo o que é acessório, nu e, portanto – para dizê-lo no convidativo estilo estético –, de um modo estilizado. Já no que se refere à esquisitice, ela existe sem dúvida em quantidade abundante. Recentemente, em um desses círculos boêmios expandidos, a partir dos quais se encontra com facilidade o caminho para a sala de audiências de Eisner, um jovem louro, simpático, cândido, me disse: "Nós somos comunistas, compramos uma propriedade em Augsburg a fim de cultivá-la e provar que uma nova comunidade pode viver pacificamente, sem dinheiro, como num paraíso". Perguntei-lhe se era possível entrar para essa comunidade assumindo uma parte dos custos de instalação, comprando, por assim dizer, um título de associado, como em uma fundação. Não, com dinheiro não se poderia conseguir nada. "Bem, então como vocês fizeram?" – "Nós a tomamos emprestada, nós mesmos não possuímos nada, somos bons amigos de longa data e quem tem um protetor coopera com os outros." – "Há agricultores entre vocês?" – "Uma horticultora; os demais são estudantes, comerciantes e pessoas do tipo que os burgueses costumam chamar de 'extraviados'." – "Quer dizer que também há mulheres em sua comunidade?" – "Duas, até agora." – "E como seu comunismo trata as mulheres?" – "Rejeitamos o casamento legítimo como prostituição paga. Quanto ao restante, há duas tendências que ainda lutam entre si. Uma propõe a vida em comum a dois, no sentido do antigo casamento livre. A outra quer superar de todo a sexualidade, ela não deve mais desempenhar nenhum papel." – "Como assim?" – "Vivemos todos numa comunidade assexuada de amigos; se em dois membros o animal despertar, eles alimentam o animal e tudo volta a ser como antes. Isso é insignificante, inessencial e, por isso mesmo, significa uma superação da sexualidade. É como pensamos nós, os progressistas. Mas, como eu disse, sobre isso ainda há opiniões divergentes." – "E que pensam disso as duas senhoras de sua comunidade?" – "A horticultora é da tendência antiga, a estudante, da nova..."

Sem dúvida, isso é muito esquisito, e é apenas um exemplo entre tantos. Mas nessa confluência entre a boêmia e a política também reside a mais amarga seriedade. Disso também posso dar um exemplo. Um jornalista italiano, correspondente de um grande jornal, veio de Innsbruck para Munique e vagueia livremente por aí, a fim de relatar os ânimos e as situações alemãs. Ele não fala alemão, mas nesses círculos boêmios sempre há quem fale italiano. E nesse círculo o sujeito encontrou um guia prestativo, nesse círculo colhe suas impressões, das quais enviará um relato fiel para Turim. Eu estava presente quando um espartaquista entusiasmado lhe explicou na mesa de chá as circunstâncias alemãs. Precisamos ter e teremos a ditadura do proletariado. Falta apenas um pouco de trabalho educativo. Então todos esses imbecis, os trabalhadores, camponeses, médicos, acadêmicos, em suma, todos os que hoje se consideram burgueses compreenderão com espanto e encanto que não são burgueses coisa nenhuma, que são na verdade proletários eles próprios e que, portanto, têm de participar da tão injustamente temida e difamada ditadura do proletariado. Na Alemanha temos no máximo 100 mil cidadãos de classe média, burgueses e capitalistas. Eles em parte compraram, em parte mantiveram na burrice e na ignorância todo o gado votante que elegeu aquela Assembleia Nacional reacionária. É apenas contra esses 100 mil que a ditadura se volta, e mesmo se for preciso derramar um pouquinho de sangue... umas gotas a mais ou a menos não fazem diferença. Temos de abrir caminho para o puro socialismo, como os bolchevistas exemplares, que uma imprensa mentirosa cobre de lama... Tudo isso numa mesa de chá, tudo isso num italiano bem sofrível, tudo isso enviado imediatamente para o exterior...

De resto, Kurt Eisner deveria ser grato justamente a essa parte mais radical da boêmia, caso ele venha, como é bem possível, a permanecer no comando mesmo depois da reunião da Assembleia Legislativa bávara, embora nela a contagem dos votos não seja favorável a ele. Ele já se moveu, em certa medida, para a direita, a fim de não arruinar de antemão suas chances de continuar a governar. E já é bastante feroz o combate que lhe movem os espartaquistas. Mas, apesar de toda a hostilidade, Eisner se entende bem com esses radicais, pois eles se acham unidos por sua origem, por seu círculo de outrora, por sua condição boêmia. Assim, talvez se pudesse manter uma espécie de paz enquanto Eisner governar, mesmo que seja um Eisner moderado. Já entre os burgueses de qualquer espécie e a boêmia muniquense não poderia haver uma só hora de paz. Se Eisner permanecer, ele deverá agradecer a Mühsam e Levien. Com sua oposição, eles o empurraram para mais perto da burguesia. Ao mesmo tempo, a burguesia sente que Eisner se coloca como uma proteção entre ela e os que se reúnem ao redor de Levien e Mühsam. Estes apenas o combatem, mas não o atacarão seriamente. Pois sentem demasiada afinidade com ele para fazê-lo. Irmãos inimigos, mas irmãos na boêmia.

Duas cerimônias em Munique

[MUNIQUE, INÍCIO DE FEVEREIRO DE 1919]

Duas cerimônias, dois mundos. E como seria fácil para um independente jogar o novo mundo, simples, verdadeiro, orientado apenas pela ideia pura, arrogantemente incompreendido, contra o velho mundo oco da aparência comum! Na quinta-feira, 6 de fevereiro, na grande sala de música do Odeon, cujo único ornamento são os poderosos tubos de metal frio do órgão, a cerimônia fúnebre do Partido Social-Democrata de Munique em memória de Karl Liebknecht, Rosa Luxemburgo e Franz Mehring. Os artistas que prometeram apresentações de canto e órgão não apareceram, e apenas o discurso de Gustav Landauer, o homenzinho franzino de paletó negro, cabeleira negra de profeta e tom de profeta, homenageou os mártires diante de uma modesta assistência. No sábado, 8 de fevereiro, na suntuosa *Aula* da universidade, uma suntuosa cerimônia para os acadêmicos participantes da guerra, que agora retornam ao trabalho dos tempos de paz. O esplendor do *ancien régime*: o marrom, o vermelho vivo, o carmesim, o azul-escuro, o preto das becas dos professores, a corrente de ouro oficial do reitor, os báculos dourados oficiais dos bedéis que marchavam à frente, estudantes em trajes de gala completos, branco e verde e vermelho, com botas e espadins de cavaleiros de contos de fada, com fitas e faixas. E uma abundância da mais refinada música... O mundo da realidade contra o mundo das aparências!
Verdade?

O sonhador Gustav Landauer, que definiu a si mesmo como um político apolítico, falou, na verdade, apenas de seu amigo pessoal Karl Liebknecht. Mehring, que já não conheceu a verdadeira fome dos proletários, serviu apenas de introdução. Ele escreveu duas histórias diferentes da social-democracia, porque de fato existem duas social-democracias. Uma pura, ideal — a outra materialista, militarista, suboficialesca, capaz até mesmo de se entender com oficiais do Estado-Maior, com homens da "guerra vergonhosa"! Também a falecida Rosa foi apenas mencionada de passagem, apenas apresentada como a fiel camarada de Liebknecht, embora ela tenha sido o verdadeiro e único homem de seu partido. Mas e quanto ao próprio Liebknecht? O homem da vontade, da ação, da ideia criadora, que venceu sua inerente mansidão a fim de poder agir total e irrestritamente. Que era um sucessor de Lutero — a quem sua família fazia retroagir sua genealogia —, que fora um santo na terra e, como tal, martirizado. Sim, se ainda houvesse homens corajosos na Alemanha em 1916 (as pessoas ali reunidas ouviram isso tranquilamente, embora centenas delas provavelmente tivessem estado diante do inimigo em 1916!). Pois então, de acordo com a ideia de Liebknecht, a guerra teria sido encerrada, e o mundo teria se tornado feliz. Agora, porém, depois que tudo se desenrolou de modo diferente, existe apenas uma forma de felicitação do mundo e de "salvação", e que seria ao mesmo tempo uma expiação e homenagem póstuma para o "assassinado" Liebknecht: a República dos Conselhos, a verdadeira República em lugar da mentira de Weimar...

Assim se apresentava a verdade na quinta-feira no Odeon. E sábado, na universidade, o reitor Clemens Baeumker, o filósofo católico, o amigo e colaborador do falecido Hertling, abordou no fundo o mesmo tema: uma retrospectiva dos acontecimentos de 1914 até hoje. Como tudo soou diferente! Mas não contrário no sentido comum, antirrevolucionário! O entusiasmo de 1914 ressoou ainda uma vez e não foi vilipendiado, a coragem dos soldados lá fora não foi esquecida. Com palavras solenes, o orador recordou então o súbito colapso. Um belo quadro: assim como naquela época o Zeppelin chegou até

Echterdingen e então caiu e se despedaçou,[2] assim se passou com a Alemanha. Mas nenhuma palavra injuriosa contra os mortos, antes palavras de reverência para todos os que, nos postos mais elevados sob o antigo regime, haviam dado o melhor de si e se saído de maneira honrosa. Mas também nenhuma palavra de acusação contra os novos tempos. Ele tinha de vir e nós, intelectuais, não nos colocaremos contra ele e não invocaremos o que já morreu. Mas (um filósofo falava diante de estudantes universitários): apegamo-nos firmemente à imanência da vida passada na presente, ao seu desenvolvimento contínuo, à sua influência contínua...

Qual é, então, o mundo da aparência, e qual o da verdade? O das frases deturpadoras do Odeon ou o das palavras medidas na *Aula* da universidade?

Porém, mais estranha do que a oposição entre os dois oradores era a sua concordância; ambos encerraram seus discursos com o mesmo apelo conjurador: precisamos trabalhar, se quisermos ser salvos. Cabe apenas perguntar, então, quem indica o melhor caminho para o trabalho, as pessoas do Odeon ou as outras, as da sempre impalpável Internacional, ou as que fazem profissão de fé na Alemanha, em uma Alemanha unificada, na qual, por meio de um telegrama de saudações às universidades alemãs da Áustria, os acadêmicos incluem expressamente os austríacos alemães.

De nosso correspondente A. B.

---

2   Alusão ao incêndio do dirigível LZ 4 em Echterdingen, em 4 de agosto de 1908, durante um voo experimental de 24 horas que fazia a rota Friedrichshafen—Basileia—Estrasburgo—Mainz e deveria servir de demonstração da eficiência da técnica de voo em balões; a catástrofe deu origem na Alemanha a uma grande ação de doações que permitiu ao conde Ferdinand von Zeppelin (1838-1917) continuar o seu trabalho.

Munique depois do assassinato de Eisner

O Eisner vivo e o Eisner morto. – A segunda
revolução. – Conde, membro de uma corporação
estudantil e oficial. – Incerteza constrangedora. –
O retrato da cidade. – Os *Leiber*. – No Theresienwiese. –
Os aviões inquietantes. – A liberdade de imprensa
violentada. – A Assembleia Legislativa desaparecida. – Auer.

[MUNIQUE, 22 DE FEVEREIRO DE 1919]

É trivial dizer que um assassinato político, além de tudo que
contém de moralmente condenável, é uma estupidez; é trivial dizer que uma pessoa estúpida já nasce feita. Mas jamais,
mesmo nestes últimos meses, se praticou um absurdo mais re-
voltante que o assassinato de Eisner. Ninguém duvidava das intenções inteiramente honestas de Eisner. Ele não queria nada
para si mesmo, apesar de sua repentina ascensão, não tinha
nada daquela irritante vaidade de Karl Liebknecht, e também
não estava tomado pelo fanatismo sanguinário de Rosa Luxemburgo. Queria manter suas mãos limpas de dinheiro e sangue.
Sempre desejou o melhor e pressupunha nos outros, sobretudo
nos que estão no campo da Entente e sabem disfarçar admi-
ravelmente sob o véu do humanismo a mais brutal ânsia de
poder – pressupunha em todos eles (vejam Berna![3]) a mesma
inocência de alma. Por isso, não podia deixar de ser tão comba-
tido politicamente, por isso – como descrevi recentemente –,
com toda a sua falta de desconfiança, e sob a pressão de todos
os partidos de direita e de esquerda, sempre se manteve em pé,
ou talvez se deva dizer antes que flutuava, pois o chão firme já
lhe tinha sido retirado havia muito de sob os pés, e ele não sabia
se haver muito bem com o chão firme; por isso, o Eisner morto

3 Referência à presença de Kurt Eisner no Congresso Socialista Internacional
realizado em Berna, em fevereiro de 1919.

tem hoje infinitamente mais seguidores do que o vivo jamais teve. Alguns dizem que ele é um mártir, outros, que é digno de pena, e a maioria pensa que com ele e provavelmente acima dele, o Eisner vivo, a situação poderia ter tido uma evolução pacífica, que a Assembleia Legislativa teria se consolidado, imposto sua autoridade, e logo teria se estabelecido um governo mais razoável.

Agora, ao contrário... O estado de ânimo é cartesiano. A única certeza é a dúvida a respeito de tudo. A situação ainda está tranquila, ou o que quer que se possa chamar assim nestes tempos tão pouco exigentes. Tranquila, se não levarmos em conta alguns tiroteios noturnos, algumas invasões de jornais e as greves costumeiras, às quais o bávaro se submete com tanto maior boa vontade desde que o privaram da profusão sulina dos feriados católicos. Mas o que as próximas horas trarão, já ninguém sabe; e, independentemente do que possam trazer, a insegurança permanecerá, e a funesta palavra de ordem da "segunda revolução", que ontem foi de súbito lançada à massa exaltada, ganhou uma vida inquietante. Nas colunas de anúncios está pregado um grande cartaz, algumas palavras muito hábeis de Fechenbach, o secretário particular do morto. O título é "O legado de Eisner", e contém o apelo a todos os social-democratas para que se unam. Se essa união se realizar agora, com certeza será *sob a liderança dos elementos radicais*; se não se realizar, a cisão e a insegurança serão ainda maiores. A burguesia está neste momento quase que inteiramente desamparada. Um "conde" matou o nada sanguinário Eisner; esse conde seria, ainda, membro de uma corporação estudantil. Conde e membro de uma corporação estudantil e oficial e capitalista e burguês – tudo isso não faz agora a menor diferença, não há tempo para distinções mais sutis. Aliás, é preciso dizer, infelizmente, que as corporações estudantis aqui se comportaram da maneira mais desagradável e provocativa possível, e na universidade, mesmo entre os docentes e demais alunos, têm no mínimo tantos inimigos quanto os social-democratas independentes e os socialistas governistas. Mas eu só posso escrever – e isso também é característico da situação atual – que o assassino "*talvez* seja membro de uma corporação". Pois se ele o é de fato, e se ainda está vivo, isso o público sabe – tanto quanto sabe das condições de Auer e a que orientação partidária deve ser atribuído o atentado contra ele[4]. Vingança dos independentes – os reacionários queriam depor o governo inteiro –, ato absurdo de um enfurecido seguidor isolado de Eisner... ouve-se tudo isso e muita coisa mais, e todos vivem imersos na incerteza.

Ontem a paisagem inteira da cidade se transformou de um único golpe. Ainda antes de se saber o que havia acontecido, sentiam-se já os efeitos. De repente os bondes pararam de circular, as lojas e restaurantes foram fechados, os estudantes deixavam às pressas a universidade e a Escola Técnica Superior, que de imediato foram fechadas até segunda-feira. Já a granada de mão arremessada contra a Assembleia Legislativa é atribuída com muita segurança a um membro de uma corporação estudantil, e assim a universidade de fato "não tem do que rir". Então se viu um longo, longo cortejo de trabalhadores, adolescentes e homens uniformizados atravessar a Ludwigstrasse. "Para o Theresienwiese!" – "Vingança para Eisner" – "Abaixo os pretos!", gritavam, mas no todo as pessoas vinham caminhando com uma calma e uma gravidade estranhas. O público as observava tristemente. Ainda estão desarmados – podia-se ouvir essa constatação repetidas vezes, com uma ênfase fatal no "ainda". Nas ruas e praças, então, começaram a se formar os estranhos *ajuntamentos de pessoas em círculos*, que talvez sejam uma singularidade própria de Munique. Em algum ponto no centro do ajuntamento alguém fala ou relata alguma coisa, em voz não muito alta, o ajuntamento permanece ao redor do centro e pergunta o que está acontecendo. A cinco passos de distância um novo ajuntamento, igualmente simétrico, e um terceiro, um sexto, um décimo segundo... Bastaria um tiro para dissolver esses grupos e formar uma massa caótica. E eu me admiro durante todo o dia que esse tiro não tenha sido disparado. Pois logo apareceram caminhões apinhados de soldados em pé, alguns deles exibindo suas espingardas prontas para abrir fogo,

---

4   Erhard Auer foi gravemente ferido em um atentado por Alois Lindner, membro do USPD, em 21 de fevereiro de 1919, imediatamente após o assassinato de Eisner.

enquanto outros as carregavam de balas de um modo antes ostensivo que cuidadoso. Também havia metralhadoras nos caminhões. Mas o principal eram as grandes bandeiras vermelhas. Algumas simplesmente vermelhas, outras com inscrições e até mesmo uma com a meia-lua turca; mas esta era de um vermelho tão belo que a figura não perturbava. As pessoas soltavam gritos de júbilo e de quando em quando poderíamos até ter nos esquecido da gravidade da situação como um todo e pensado *em um divertimento carnavalesco*. Assim, por exemplo, os *Leiber* se sentavam, alegres e satisfeitos, no peitoril das janelas da Türkenkaserne[5], balançavam as pernas e gracejavam com os passantes. Os *Leiber* passam por ser quase monarquistas; também está aquartelada entre eles uma parte dos marinheiros que há alguns dias empreenderam o obscuro *putsch* "para a proteção da Assembleia Legislativa"[6]. "Vocês estão presos?", perguntavam rindo alguns camaradas que passavam. "Não!", era a resposta igualmente alegre... Panfletos conclamavam à vingança, à segunda revolução e à concentração no Theresienwiese, e também traziam relatos da reunião do Conselho de Trabalhadores e Soldados no Teatro Nacional.

Talvez por isso o interesse tenha se dividido; pois apesar do maravilhoso clima primaveril, que faz os Alpes surgirem em delicadas linhas no horizonte, não havia muito movimento ao redor da estátua da Bavaria; é verdade que o Theresienwiese é capaz de engolir multidões tão grandes que, ali, alguns milhares de pessoas parecem formar apenas um montinho de gente. Num desses ajuntamentos não muito grandes eu vi na tarde já avançada um marinheiro em pé sobre o mais simples dos tablados. Ele gritava com uma voz muito forte. Ouviam-se tranquilizadoras frases isoladas como "Não queremos um banho de sangue – mas prisões – oficiais – reacionários – assassinos...". Na cidade em si a movimentação era de fato muito

5   Instalações do Exército da Baviera no distrito de Maxvorstadt (próximo ao Türkengraben), em Munique.
6   Tentativa fracassada de derrubar Kurt Eisner em 19 de fevereiro de 1919, liderada por Konrad Lotter, marinheiro e membro do Conselho de Soldados da Baviera.

mais vívida e ameaçadora do que no Theresienwiese. Diante do *München-Augsburger Zeitung*, que já estava ocupado, soldados balançavam suas granadas de mão, cartazes chamavam para a ocupação de toda a imprensa burguesa (a grande culpada de tudo) e para uma greve geral. E em toda parte multidões de pessoas, em toda parte os ominosos automóveis perigosamente inflamáveis. Por fim, ao pôr do sol houve uma distração estética, um belo final provisório. Sobre a Sendlingertorplatz apareceu de uma vez só uma meia dúzia de aviões. Eles brilhavam e cintilavam sob o céu azul na abundância de luz, faziam as curvas mais ousadas, os mais loucos mergulhos e volteios, quase roçavam os telhados para em seguida subir a alturas fabulosas, e por toda parte lançavam enormes quantidades de volantes, que só agora mereciam de fato seu nome, reverberando aos raios do sol como bandos de pombas brancas, e ao caírem traziam de fato uma espécie de tranquilidade: um apelo à tranquilidade, o anúncio de tribunais militares, a ordem de deixar as ruas a partir das sete horas da noite.

Então a situação se acalmou, as ruas ficaram vazias... Mas durante a noite tiros foram disparados e houve saques (já ontem era possível ver ajuntamentos diante desta ou daquela *villa* "que tinha comida guardada no porão"), hoje de manhã já há assembleias reunidas, a greve se espalha, as correspondências e os jornais não são entregues, os trabalhadores se armam... e a única certeza é a incerteza.

*

Pós-escrito. Na estação me disseram que "com todo esse divertimento" não se sabia quando uma carta chegaria a Leipzig; por isso, envio e entrego à própria sorte alguns acréscimos ao despacho de hoje de manhã.

Quando recebi aqui o treinamento para o campo de batalha, tive de passar alguns domingos abatido na caserna: a guarnição estava confinada porque algum soldado sacara a faca em uma briga. Agora estou de novo confinado, juntamente com o restante da população, pelo menos a partir das sete horas da noite, e tão inocente quanto da outra vez. O fanatismo de um único indivíduo me pregou essa peça, como anteriormente o alcoolismo de um único indivíduo... Em lugar dos jornais burgueses suprimidos, temos o "Ano 1, Número 1" – um por todos – das Notícias do Conselho Central, que rejeita a suposição de que Auer tenha sido vítima de um ato de vingança dos espartaquistas e considera que "semelhantes chacinas no estilo de Noske, tais como aconteceram em Berlim, Bremen e vários outros lugares", são impossíveis em Munique.

Deveríamos, no fundo, estar satisfeitos; o dia correu tranquilo, cartazes nos muros ameaçam os ladrões e saqueadores com o fuzilamento, as armas dos trabalhadores, destinadas à defesa da revolução, não foram utilizadas em lugar algum, simplesmente porque nenhum inimigo foi encontrado. (Mas isso, agora, naturalmente, devido à covardia da burguesia e da reação!) E temos também novamente um jornal que traz até, como óbvio aproveitamento de material antigo, a notícia da morte de um estudante com o emblema da corporação à qual ele pertencia.

E, contudo, qualquer um que não observe a situação com um olhar obtuso, mas muito obtuso mesmo, deveria se sentir muito mal. Ninguém aqui sabe onde foi parar a Assembleia Legislativa. Falei com três membros dos conselhos de trabalhadores. Um deles disse: "Ela se escondeu", o outro: "Nós a botamos para fora", o terceiro: "Estamos todos unidos, inclusive o Conselho de Camponeses; de hoje em diante haverá apenas uma República dos Conselhos da Baviera!". E todos disseram que aqui não existem mais socialistas majoritários, independentes e espartaquistas, apenas um proletariado unido, cujo Comitê de Onze Membros[7], entre eles o dr. Levien, governa soberano. Isso é o que aqui se chama união: hegemonia da extrema esquerda. É lícito perguntar quantos bávaros (que, afinal de contas, elegeram uma Assembleia Legislativa totalmente diferente!) apoiam essa ditadura do proletariado, é lícito

---

7   Em 21 de fevereiro de 1919, representantes do SPD, do USPD, do KPD, assim como dos órgãos executivos dos conselhos de trabalhadores, camponeses e soldados, bem como o Conselho Revolucionário dos Trabalhadores, formaram um Conselho Central da República da Baviera; esse assim chamado "Comitê de Onze Membros" atuou até 7 de abril de 1919 como um grupo de governo provisório.

também perguntar o que a Assembleia Nacional, o que o Reich deveria fazer com essa República dos Conselhos, que só pode acabar se tornando um escárnio da democracia. Um escárnio da liberdade! Pois hoje a imprensa burguesa já está suprimida, hoje o governo humanista já trabalha com os meios da prisão preventiva "a fim de proteger a burguesia da fera que a própria burguesia soltou". Quero ainda citar, da mesma fonte oral: "Vamos desinfetar o ambiente desse bando, temos de exigir reféns". Respondi, como bom conhecedor dos ânimos na universidade, que, se as corporações estudantis declararem a menor solidariedade aos criminosos ou às convicções deles, não encontrarão em parte alguma inimigos tão encarniçados quanto na própria universidade. Resposta: por que os estudantes jamais saíram em defesa de Eisner?! – O que se poderia replicar a isso? Esse é o tipo de julgamento que o partido atualmente no poder faz de grupos inteiros, de todos os grupos que não pertencem, eles próprios, ao proletariado. E se sente autorizado e forte o suficiente para fazê-lo, pois tem um mártir a seu favor. De Auer, aliás, só se fala de passagem; afinal, ele está vivo e, além disso: sempre conspirou contra Eisner!

De nosso correspondente A. B.

Os acontecimentos na Universidade de Munique

[MUNIQUE, 8 DE ABRIL DE 1919]

Este é um capítulo especialmente tragicômico. E como ele adquire uma importância cada vez maior, e como algumas coisas nele são características e, por assim dizer, simbólicas da maturidade e do espírito dos novos governantes, creio que posso narrar com maior minúcia o que me é bem conhecido. Peço apenas que não tomem por uma brincadeira de primeiro de abril o que corresponde aos fatos. A universidade aqui, como decerto também em Leipzig, introduziu cursos assim chamados preparatórios. Neles, os soldados que foram para a guerra sem terem concluído o curso secundário são preparados para os exames finais, ao mesmo tempo que podem iniciar seus estudos superiores. Trata-se, portanto, de homens muito jovens, que na verdade ainda não são calouros, e sim, por assim dizer, alunos *minus* do primeiro semestre. Num desses cursos, um professor distribuiu, há cerca de catorze dias, temas de seminários como exercícios preliminares para a prova de redação em alemão. "Sr. Strasser, por favor, apresente seu trabalho sobre o jovem Goethe na semana que vem." O sr. Strasser, 19 anos, em uniforme austríaco sem insígnias, se levanta. "Senhor doutor, eu poderia, por favor, em vez de falar sobre Goethe, falar da Liga Espartaquista e de seus objetivos? Meus colegas sabem pouca coisa a respeito desse assunto, eu gostaria de instruí-los." Espanto do docente, terrível pateada da classe – *pardon!* – do auditório. Em honra do sr. Strasser, seja dito que ele se deixa convencer da impossibilidade de seu pedido. Mas quão espantado fiquei eu quando na segunda-feira encontrei uma comunicação na universidade fechada, que dizia quase literalmente o seguinte: "Como representante autorizado do Conselho Central, declaro a universidade fechada, o Conselho Universitário destituído, o corpo docente dissolvido. Depois das férias será aberta uma Escola Superior Popular revolucionária. Strasser". O anúncio foi superado pelos acontecimentos, mas seu conteúdo essencial ainda é válido: de fato, neste momento a universidade não existe mais, em especial desde a resolução que foi tomada esta manhã por todas as faculdades. Até 12 de abril as aulas podem continuar a ser dadas, e então começará a comédia da escola superior revolucionária. O sr. Landauer governa e dispõe de um grupo de seis procuradores, bastando a assinatura de um deles. Formou-se um Conselho Revolucionário de Trabalhadores (!), mas este aconselhou os estudantes a viajar; depois da Páscoa pretende consumar a nova criação.

Das muitas assembleias e discussões realizadas a respeito desse assunto, quero relatar duas decisivas. Ontem se reuniu no *Auditorium Maximum* uma assembleia de estudantes, com o objetivo de esclarecer e apaziguar os ânimos. O local conta com mil assentos, mas uma audiência duas vezes maior se aglomerou no recinto, as janelas que dão para os corredores do primeiro andar foram retiradas, diante delas também se apinhava uma grande multidão de estudantes. Nunca vi tanta algazarra, ruídos de tão variados animais enjaulados, tantos assobios estridentes e virtuosísticos, nem tamanha erupção de antissemitismo furioso. Toda a ira se voltava contra o pequeno grupo de estudantes radicais que segue os passos dos homens do novo governo. Então houve um momento em que aconteceu algo ao mesmo tempo cômico e arrebatador. Alguém leu um manifesto que fora levado para lá de alguma maneira, decerto já conhecido há muito pelos senhores em Leipzig, mas de todo novo para nós que, em Munique, somos alimentados pela imprensa socialista tão fiel à verdade: "O antigo governo continua existindo, apenas ele pode promover mudanças, ele deixou Munique, ele dará novas orientações. Nuremberg, 7 de abril. O governador Hoffmann". A consequência foram longos minutos de júbilo enlouquecido, pateada, aplausos, gritos, um acesso de entusiasmo como não se ouvia desde agosto de 1914. "Não sabia que seus colegas eram tão partidários do socialismo", disse depois o professor Schmid Noerr. E isso é que era cômico e ao mesmo tempo trágico em tudo aquilo. Não, os estudantes aqui não são de modo algum socialistas e, infelizmente, grande parte deles também não tem nem um pingo de preocupação social ou de maturidade política. Mas eles têm, sim, a consciência de que, entre Hoffmann e Landauer, estão, com Hoffmann, escolhendo o mal menor; em Hoffmann, no antigo governo, se encarna para eles, mesmo que em uma triste condição, o Estado, a ordem, a pátria. Aquele júbilo era triste e cômico ao mesmo tempo. O professor Schmid Noerr, que o ironizava, era o verdadeiro orador da assembleia. Ele deveria expor os planos de reforma dos grupos de estudantes socialistas. E o fez de tal maneira que conseguiu estabelecer a calma e a pacificação. Schmid Noerr, de Heidelberg, é um puro idealista. O que ele apresentou de planos para uma nova Escola Superior Popular (e por estes dias publicará em livro[8]) é sonhadoramente belo, mas, infelizmente, contém um pouco de utopia e também algo de uma banalidade vaga.

Mas nada disso importa agora em primeira linha. O que importa ficou claro hoje numa reunião decisiva de todo o corpo docente sob a presidência do pró-reitor Von Müller (o famoso médico). "Eles querem ver o escalpo", disse um professor que negociou com Landauer; "as mudanças internas, aquelas verdadeiramente científicas, não têm muita importância para eles". Em suma: eles não podem conjurar do nada sua nova Escola Superior Popular, precisam de uma parte do velho corpo docente. Mas apenas uma parte, que lhes seja favorável politicamente — a outra deve desaparecer. Assim, por exemplo, Max von Weber: ele não é suficientemente "libertário" para eles. Diante disso, hoje se decidiu por unanimidade: se um for dispensado, todos os outros se vão, em prol da liberdade de ensino.

---

8 *Memorando para a elaboração de uma nova Constituição universitária*, esboçado e redigido por Friedrich Alfred Schmid Noerr sob incumbência da Sociedade para a Nova Educação, Munique: Steinicke, 1919.

Quer dizer, eles param de lecionar: mas não vão renunciar aos seus cargos, pois declaram que os novos donos do poder não têm autoridade para destituí-los.

De nosso correspondente A. B.

A terceira revolução na Baviera

Boatos. – A indiferença da burguesia. –
Dr. Quidde. – Os homens do dia. – Levien,
Landauer, Epp. – Nada de greves gerais "à maneira
de Leipzig". – "Prussiano e judeu." – O avião.

[MUNIQUE, 9 DE ABRIL DE 1919]

Até os senhores receberem este despacho – telefonemas e telegramas "para o estrangeiro" estão sob vigilância, a ameaça de um Tribunal Revolucionário é repetida em cada esquina e em qualquer contexto, e a razão pela qual faço pouca questão da coroa de mártir da burguesia bávara lhes será esclarecida por meus relatos –, até, portanto, que os senhores recebam meu despacho, nós aqui já estaremos talvez em nosso quarto ou quinto parceiro. Meu relato não tem a oferecer grandes novidades de Munique, mas pode conter a narração de algumas coisas que talvez façam a grandeza heroica parecer um pouquinho humana.

É preciso ter convivido com a bela paz de espírito da *burguesia muniquense* para não se surpreender tanto com o bem-sucedido golpe de mão do partido do conselho. Desta vez a burguesia e todos os moderados não foram pegos desavisados, havia semanas que por toda parte se murmurava à boca pequena, e em abril "a coisa" aconteceu. Mas o bom burguês pensava já ter se alvoroçado o suficiente com a política e, em algum momento, a gente tinha de ter "sua paz". Assim, as pessoas se preocupavam antes com manteiga e ovos que com Mühsam e Landauer. O povo soviético era mais razoável, eles uniam o útil ao... útil, ou seja, a acumulação de estoques a discursos educativos no campo. Sei dessas viagens de propaganda, lá fora se trabalhava e nas casernas de Munique também. Agora a guarnição de Munique marcha através da cidade com uma bandeira vermelha a fim de se manifestar a favor da República dos Conselhos, agora a terceira revolução pode se gabar de haver vencido sem disparar um único tiro, sem derramar uma única gota de sangue. Até agora, pelo menos — pois por fim, pouco a pouco, a maioria toma consciência de que foi apenas pega de surpresa.

Uma cena muito característica na noite da última sexta--feira. Assembleia democrática. Dr. Quidde, o democrata e deputado pró-Weimar, deveria falar sobre a política externa da Baviera, um deputado da Assembleia Legislativa local, sobre a política interna da Baviera. Pelos padrões burgueses, a assembleia estava bastante concorrida, havia bem uns quinhentos espectadores, homens e mulheres, atentos e benignamente tranquilos e pacíficos (até seus gritos eram pacíficos) sentados com sua cerveja. O deputado estadual que deveria falar sobre a política de Munique estava "infelizmente impossibilitado por causa de uma rouquidão", mas o sr. dr. Quidde — alto, esguio, calvo, grisalho, com uma barbicha aguçada e uma pronúncia aguçada (bávara da gema!); podíamos ouvir os *pontos-s s-salientes* e os elegantes *jogos-s de ideias-s*[9] — nos proporcionou o melhor dos entretenimentos. Havia uma "prestação de contas provisória de Weimar", que se tornou um canto de louvor a Weimar. Onde de fato não se fala tanto e se age muito, onde se deu ao Reich uma orientação e uma Constituição emergencial, onde se começou cuidadosamente a estatizar. Cuidadosamente, e se a Baviera, com sua vida econômica destruída, prefere um ritmo diferente — "então esperemos!". Foi o que então fizemos — esperamos.

Entrementes, enquanto lá fora era dado o último nó na rede dos Conselhos, o dr. Quidde foi tomado pelo fogo patriótico. Falou de nossa calamidade alemã no Leste, que era também a calamidade bávara, defendeu os *Freikorps*. Mas apenas com o mais impotente dos protestos foi mencionado que aqui qualquer recrutamento é proibido sob ameaça de pena severa, que

---

9 A separação do "s" indica que o orador o pronuncia sibilando, e não chiando, como seria a norma.

136

lamentavelmente os chamados ao recrutamento só chegam aqui em segredo e não podem ser disseminados. Em contrapartida, os sentimentos específicos dos bávaros foram sublinhados com a maior ênfase e cuidado. Pois era bem provável, e mesmo inevitável, que se espalhasse a opinião de que no Leste se estava a serviço dos prussianos. Não, isso não, de modo algum! E então ele se inflamou de verdade, então ele falou da posição especial da Baviera, dos privilégios da Baviera, e como democrata ele não podia defender os privilégios – apenas as salvaguardas da Baviera. Isso tinha de ser tornado palatável, e foi o único ponto em que também aquele público dócil se inflamou a ponto de gritar e questionar. Vocês querem ter um ministro da Guerra exclusivo da Baviera? Por Deus, não! Porque assim a Prússia também teria o seu próprio ministro da Guerra, e ele iria legislar sobre nós assim como outrora nos governava. Gritos: "Berlim ainda hoje domina tudo, sob todos os aspectos". O sr. dr. Quidde se torna puro escárnio. "Será que vocês ainda têm medo de Berlim?" Gritos: "Berlim tem a maioria numérica das cabeças a seu favor!". Com um lampejo de gênio já sorridente o orador replica: "Maioria das cabeças? Mas se só nós temos cabeças!". Sim, temos cabeças para dar e vender, cabeças genuinamente bávaras e transbordando de sabedoria política: Landauer, Mühsam, Levien, Lipp, Toller, Neurath e Wadler... eu poderia continuar a enumeração homérica e por fim chegar até mesmo ao nome do dr. Quidde.

O fecho do discurso de Quidde foi a convocação para uma *resolução de protesto* contra a paz pela força. Ela é aprovada e então se seguem os discursos dos debatedores. Contra Berlim e a Prússia, naturalmente. Nisso eles sempre convergem, os da direita e os da esquerda e os do centro. E agora a piada da noite. Alguém explica: por que continuar a brigar por Weimar e pela República atual? Neste exato momento já são quase parte do passado! E correligionários gritam para o homem que ele não contasse na rua o segredo que aprendeu na escola. Então, depois de terem cumprido seu dever de cidadão, todos vão para casa tranquilizados, e ficam sabendo pelos jornais que estamos diante de "acontecimentos mais graves", ficamos sabendo que numa assembleia radical concomitante a República dos Conselhos já foi anunciada abertamente e que a Assembleia Legislativa não deve mais se reunir! E então vamos dormir. No domingo, enfim, ouvimos com total paz de espírito que o Conselho Central se reunirá, que a República dos Conselhos será sem dúvida proclamada, e que as coisas são assim mesmo e todos devem se dar por satisfeitos. Ninguém demonstra inquietação, não há o menor sinal de resistência. O mais estranho é que desta vez nenhum nome é pronunciado. Nem do antigo regime nem do novo que vem chegando. O antigo desapareceu para Munique – o novo, sem nome, está envolto em trevas. O Conselho Central, mais do que isso ninguém sabe. Só no domingo e na segunda-feira o véu se levantou em certa medida. Então ficamos sabendo também com espanto que no Conselho Central as coisas haviam decorrido de forma muito "moderada".

Sim, o belo manifesto que nos une aos irmãos russos e húngaros e nos separa de Weimar, da "Alemanha imperial com placa republicana", como disse Mühsam com muita graça num decreto hoje, é uma declaração moderada. Levien exigiu na reunião decisiva a *declaração imediata de guerra* justamente contra essa "Alemanha imperial", e não teve sucesso. Ao menos por enquanto. Bom saber disso, para o futuro desenrolar das coisas. Pois, uma vez que a oposição começa pouco a pouco a se movimentar, o novo governo, com seu Exército Vermelho, seu Tribunal Revolucionário e suas boas intenções, quando tiver de lutar, muito provavelmente se voltará ainda mais para a esquerda. Não quero profetizar, mas acredito: o próximo homem se chama Levien, o atual: Landauer, o que virá depois: Epp. Levien eu descrevi numa carta anterior; Landauer, o atual comissário do povo para a Educação e provavelmente o verdadeiro líder intelectual do novo governo, é, ao que me parece, Eisner redivivo, nem um átomo mais inteligente, alguns átomos mais radical. Idealista como ele, poeta como ele, boêmio como ele, a milhas de distância de todas as necessidades e obviedades políticas (apenas algumas milhas a mais) como ele, com dedos limpos de sangue e dinheiro como os dedos de Eisner, e certamente, em breve, como Eisner, obrigado a cometer atos de violência, ou retirado de cena por atos de violência. Epp: em 1904, oficial colonial e homem valente, depois o primeiro burguês nos *Leiber*[10], desde dezembro de 1914, coronel e comandante dos *Leiber*, muito temido e, contudo, amado pela tropa; à frente delas em Verdun e outros lugares, durante os mais ferozes ataques, e agora o quase misterioso recrutador de um *"Freikorps* Noske" na fronteira da Baviera. É mesmo apenas um *"Freikorps* Noske", será de fato empregado apenas contra o Leste, está ainda de fato fora da Baviera? Desde ontem sabemos aqui que o antigo governo ainda existe — onde, permanece um mistério para nós em Munique, e o verso "Em teu acampamento está a Áustria"[11] não silencia nenhum dos cartazes que nas ruas ameaçam com as mais severas penas os "boatos absurdos".

Olhando para trás, eu me pergunto desde quando, de fato, as águas burguesas tão paradas daqui mostram algumas ondulações que anunciam uma inundação iminente. Foi tão lamentável, tão miserável o modo como no sábado, no domingo e ainda na segunda-feira, nas primeiras horas depois da proclamação da República dos Conselhos e do "Feriado Nacional" tudo isso foi aceito com mais bonomia do que dignidade, numa perplexidade apática. Como foi declarado com resignação numa reunião erudita, não se podia pensar *numa greve geral à maneira de Leipzig*, pois entre os funcionários não havia nenhuma unidade, e trinta por cento dos médicos não a apoiariam. Mas o Conselho Central se sentia como Xerxes e chicoteou o mar inerte[12]. O *fechamento dos bancos* foi uma brincadeira que para muitos passou dos limites, eles tiveram de ser reabertos hoje e explicações tranquilizadoras tiveram de ser dadas, juntamente com ameaças, é claro.

10 Em 1912, Epp foi nomeado major e comandante do Segundo Batalhão do Regimento dos *Leiber*; em 1914, tenente-coronel e comandante do Regimento dos *Leiber*; em 1916, foi elevado à nobreza.

11 Verso da primeira estrofe do poema "Feldmarschall Radetzky" [Marechal de campo Radetzky], de Franz Grillparzer (1791-1872), escrito em junho de 1848: *"Glück auf, mein Feldherr, führe den Streich!/ Nicht bloß um des Ruhmes Schimmer,/ In deinem Lager ist Österreich,/ Wir andern sind einzelne Trümmer"* [Boa sorte, meu marechal, lidera o ataque/ Não apenas pelo brilho da glória/ Em teu acampamento está a Áustria,/ Nós outros somos ruínas dispersas].

12 Segundo Heródoto, o imperador persa Xerxes (518-465 a.C.) mandou punir as águas do Helesponto com 3 mil chicotadas depois que elas destruíram uma ponte que ele mandara construir com o objetivo de atravessá-lo.

Mas de que servem as explicações mais tranquilizadoras se não posso retirar mais de 100 marcos por dia? E quando meu jornal anuncia a iminente desapropriação das moradias? E a notícia vem ilustrada com belas xilogravuras que representam, de modo quase futurista, a miséria e a "redenção" dos proletários? O jornal tem de apelar a tais imagens a fim de preencher ao menos minimamente suas folhas, que se tornaram tão ralas. Pois, fora isso, eles só dispõem, além dos folhetins espartaquistas, das ordens do Conselho Central. Nada mais, literalmente nada mais há para imprimir. A Alemanha e o mundo não existem mais – apenas a República Soviética de Munique. Aliás, as *Neueste Nachrichten* locais já não colaboram, e o departamento de imprensa do Conselho Central edita ele próprio os jornais.

Assim, a agitação – que, devo dizer de antemão, ainda se encontra num estágio de torpor, de um modo geral ainda é uma calmaria antes da tempestade – foi crescendo pouco a pouco. Ela se manifestou de uma forma nem bela nem sensata: *antissemita*. Desse modo, deu ao governo tirânico a possibilidade de posar de libertário: os cartazes do Conselho Central advertem contra *perseguições aos judeus*. De fato, os judeus não têm aqui uma situação melhor do que a dos prussianos; dividem com estes o destino de ser culpados de tudo, são, dependendo das circunstâncias, os capitalistas ou os bolchevistas. Acho que, quando se pergunta a um espartaquista genuíno se Noske é prussiano ou judeu, ele responde: "os dois". E, se vocês perguntarem a um pequeno-burguês muniquense se Levien é judeu ou prussiano, receberão a mesma resposta: "os dois". O que, aliás, em nenhum dos dois casos está correto... Um automóvel parou na Odeonplatz, os passageiros desceram, distribuíram volantes sobre a ditadura do proletariado; logo um coro começou a berrar: "Judeus, porcos judeus!". Mas uma trupe se aproximou, uma mistura de soldados da infantaria e marinheiros, espingardas nos ombros e também metralhadoras leves: todos se dispersaram e buscaram um esconderijo provisório nos corredores dos prédios... Diante da universidade fechada, os estudantes vociferavam expressões igualmente fortes de antissemitismo; um camarada do "Conselho de Trabalhadores" os conjurou a debandar, porque logo haveria metralhadoras ali, porque "nossas cabeças poderiam ser decepadas pelo Tribunal Revolucionário". Eles se foram, mas horrorosos panfletos antissemitas apareceram.

Eu estava justamente terminando o relato, esperando poder talvez enviá-lo ainda hoje pelo trem noturno, quando um avião despejou do céu azul suas notícias. De Nuremberg, ou, senão, de onde? De Hoffmann ou de Epp? Não preciso esperar até que as crianças tenham rastreado a notícia lá embaixo. Fora daqui, em Leipzig, todos sabem há muito tempo aquilo que permanece escondido de nós...

De nosso correspondente A. B.

Diário da revolução

[MUNIQUE, 17 DE ABRIL DE 1919]

Não mais um despacho, apenas um diário, escrito em total, tripla reclusão. Tripla, pois lá fora as "Guardas Brancas" mantêm Munique sitiada, e dentro da cidade no máximo um décimo da população, e com isso quero dizer o máximo do máximo — pois Munique não é uma cidade industrial! —, mantém os demais como que aprisionados, e esse décimo, por sua vez — a "Guarda Vermelha" e o proletariado com consciência de classe —, é um instrumento absolutamente inconsciente e inapetente de um ínfimo punhado de aventureiros estrangeiros que brigam entre si, e cuja natureza boêmia e fanática necessariamente de hora em hora tem de ceder o passo a figuras de criminosos mais robustos. Digo sem nenhum exagero: a total falta de noção é o estado de ânimo que se pode constatar o tempo inteiro em todas as camadas da população e em todos os partidos. Munique aceita passivamente seu destino tragicômico, e mesmo o proletariado, aparentemente no comando, é passivo ao extremo, deixa-se levar de um lado para outro. A passividade é o único ingrediente bávaro desta revolução, que é encenada por não bávaros e imita de modo infantil nomes estrangeiros e instituições estrangeiras.

A primeira parte de minha fácil profecia — "Depois de Landauer: Levien; depois de Levien: Epp" — realizou-se no domingo, após esse constrangedor capítulo do processo quase ter sido evitado (se pelo menos os cidadãos de Munique tivessem tido sangue nas veias em vez de algum líquido parecido com cerveja), graças à coragem de um pequenino grupo de pessoas da cidade. Foi assim: a República dos Conselhos se sentia insegura, olhada com desconfiança pelos cidadãos à direita, acossada pelos comunistas à esquerda, que só tinham "escárnio e desdém para o monstro da República dos Conselhos" (de acordo com o *Informativo do Conselho Executivo dos Conselhos da Indústria e dos Soldados* de 16 de abril; folha distribuída gratuitamente, que é nosso único jornal). A crescente insegurança dos governantes se revelou na infinidade de volantes que mandavam atirar de automóveis pelas ruas e distribuir e colar por toda parte. Conclamações à unidade no interior do proletariado, comunicados de que essa unidade fora alcançada, agora que dirigentes comunistas haviam sido incluídos no Conselho Central, e chamados ao alistamento, mais e mais chamados ao alistamento para o Exército Vermelho. Em um desses volantes estava escrito: "Segundo notícias seguras, Noske ameaçou marchar sobre a Baviera com seus famigerados assassinos a soldo... Também em Munique a reação marcha, e seus rebentos mais capazes, os estudantes, já proferiram a sentença de morte aos nobres representantes do proletariado... por isso, companheiros e camaradas, alistem-se em massa no Exército Vermelho!". Mas por ora as massas não se apresentaram, apesar de se pagar muito bem. Um guarda vermelho recebe hoje seus 19 marcos por dia; para isso os atuais "nobres representantes do proletariado" também mandam abrir os cofres burgueses dos bancos. Mas estou antecipando as incursões e (reveses) dos líderes inominados; ainda estou no "antigo" governo, no Conselho Central. No domingo, ao meio-dia, Munique inteira ficou espantada. Os regimentos, individual e nominalmente, mal tinham acabado de cerrar fileiras na retaguarda do Conselho Central — e de maneira extremamente idealista, uma vez que ainda não recebiam 19 marcos, mas "apenas" 14, embora fossem voluntários da Guarda Vermelha —, quando um cartaz trazendo a lacônica-mística assinatura "A guarnição de Munique" comunicou que o Conselho Central fora destroçado, a guarnição "discutia" uma tomada de posição sobre o governo Hoffmann e havia comboios carregados de víveres prontos a serem enviados a Munique. Espanto geral. O que havia acontecido, ninguém sabia, mas qualquer um podia notar que o "poder" do governo, do tão estimado Conselho Central, de algum modo ruíra. Que consequências o burguês de Munique tira de tudo isso? – Quem em Munique tiraria consequências num santo domingo? Isso seria um empenho prussiano! Mas à noite, quando aqui, do lado de fora do Siegestor, todos ainda passeavam pacificamente, começou o tiroteio no centro da cidade. Primeiro tiros de espingarda, depois saraivadas cada vez mais longas de metralhadoras, em seguida um vigoroso entrelaçamento de ambas as músicas, misturado a algumas granadas de mão, e enfim, mais ou menos uma hora depois, três abalos fortes e estrondosos seguidos daquilo que um francês inevitavelmente chamaria *un silence tragique*, mas que um muniquense apenas saudaria como a suspensão bem-vinda da perturbação da paz noturna. Dormimos então maravilhosamente e acordamos sob a proteção de Levien, que, mesmo sem se apresentar dessa forma, de fato agora manda em Munique como líder dos espartaquistas locais. "Proletários! Soldados! Combatentes! Vitória! Vitória! Vitória! a estação dos trens tomada de assalto!... o primeiro dia da gloriosa luta do proletariado muniquense com consciência de classe!... Que venham os Noske, Epp, Schneppenhorst! Nós lhes daremos uma bela recepção!" Assim exultava um volante comunista com uma estridência sem fim. Mas na verdade não houvera nenhuma luta gloriosa. Os que se rebelaram contra a república russa de Munique não passavam de um grupinho pequenino das forças de proteção republicanas sob a liderança do honrosamente odiado comandante da estação Aschenbrenner. Talvez tenham, com um otimismo infantil, solar, contado com o apoio dos círculos mais sensatos. Ficaram sozinhos, sucumbiram aos mais numerosos e a seus morteiros. Agora, claro, chegara a hora de Levien. Os comunistas haviam tomado de assalto a estação, salvado o nobre Estado bávaro-russo: assim, tiraram o inerme governo do Conselho Central do caminho e ergueram a desejada ditadura total do proletariado. A citada folha, sucedâneo dos jornais, em sua edição de 16 de abril traz em letras garrafais um esclarecimento de Landauer: "Reconheço e saúdo a reformulação. O antigo Conselho Central não existe mais, coloco minhas forças à disposição do comitê de ação onde quer que possa ser útil". Mas ainda não se podem aproveitar essas forças, pois são moderadas.

Uma coisa devemos reconhecer e admirar no novo governo: ele dá à cidade uma feição plenamente guerreira, ele sabe "impressionar" a população; sim, ele sabe como conferir cores novas e vivas à uniformidade quase tediosa da cena revolucionária já conhecida há meses em muitas cidades alemãs, ajudando a recolocá-la sobre suas pernas um tanto bêbadas e trêmulas. Que há uma greve, é claro, nem é preciso mencionar. Mas temos também cartazes nos muros, avisando que os cidadãos devem, "sob risco de pena de morte", entregar suas armas em um prazo de doze horas. E temos civis armados em número cada vez maior, com consciência de classe e espingardas às costas – eventualmente até mesmo mulheres. E os militares! Soldados da infantaria e marinheiros marcham juntos, ou melhor, passeiam misturados. A espingarda, com o cano para baixo, pende faceira da correia; ao redor do pescoço, descendo até o cinto, lenços cinza balouçando com cartuchos presos neles, no cinto levam três, quatro granadas de mão de pinos longos, ao redor do braço largas faixas vermelhas. Parece mais algo do Velho Oeste do que de Munique – e, contudo, ainda assim muniquense: o Texas segundo esboços de Gulbransson. Às três horas da tarde o governo faz um relato imediato ao povo. Na sacada do Palácio de Wittelsbach, o castelo inglês vermelho em estilo de fortaleza, no mesmo local de onde, no início de agosto de 1914, o rei Ludwig discursou aos voluntários exultantes sob as altas árvores do pátio, coloca-se agora o comunista berlinense Werner, rodeado de seu estado-maior, e prega a seus seguidores, que tomaram o lugar dos voluntários de 1914: "Camaradas! Companheiros! Podem ter confiança em nossa causa: no Ministério da Guerra o camarada Levien trabalha por vocês, e o camarada Toller se ofereceu para o posto mais perigoso: ele está no front!". Acredita-se que o "front", que desafia a Guarda Branca e ontem – pois também já temos verdadeiros boletins de guerra – teria alcançado uma grande vitória, fique para os lados de Dachau, e um acampamento militar especial de Munique enche o interditado Hofgarten; ali também está localizado o quartel-general, no Museu do Exército, onde o comandante da cidade, Egelhofer, tem a sua base. Dele se diz (o que não posso verificar, mas considero muito provável) que fez seus estudos preparatórios com os marinheiros de Kiel. Como o front já avançou para longe daqui, tivemos de renunciar, desde o último domingo, à emoção das verdadeiras atividades de combate, pois os poucos tiros disparados por sentinelas assustadas ou secretamente satisfeitas fazem parte dos demais ruídos da cidade, como outrora, em tempos não livres de greves, o barulho dos bondes elétricos; mas até para isso o inventivo governo encontrou um sucedâneo. Manda soar desesperadamente os sinos das igrejas assim que alguma coisa se agita fora da cidade. Foi o que aconteceu anteontem à noite; também se interromperam representações teatrais no meio de um ato. E ontem, muito românticos, os dobres desesperados se repetiram à meia-noite; tomada de surpresa, a gente se sentiu tentada a brindar "feliz ano-novo!". Também durante o dia não falta o teatro da guerra, e este não se contenta com os passeios militares com a capota abaixada e a bandeira vermelha. O avião do governo de Bamberg aparece, descreve alguns círculos voando baixo, e logo é envolvido pelo fogo da infantaria, porque se aproximou da Türkenkaserne; os *Leiber* lá dentro dela prefeririam ter se mantido neutros – mas quem pode se manter neutro a um soldo de 19 marcos? O novo governo, porém, não é apenas guerreiro; ele também cuida da alimentação e da educação do povo. Que ele abre o cofre dos bancos, eu já disse; abre também as despensas dos hotéis, dos pensionatos e da população burguesa. Patrulhas buscam em toda parte por víveres, pois antes de mais nada é preciso assegurar a alimentação das classes "trabalhadoras". E pelo *nutrimentum spiritus*[13] se responsabiliza esse cartaz de meu jovem amigo Strasser: a universidade, até há pouco propriedade de uma classe privilegiada, pertence agora ao povo. Na quinta-feira à noite o camarada Thomas inicia no *Auditorium Maximum* um curso sobre o comunismo. Será que me deixarão frequentá-lo? – Com a leitura dos jornais, por outro lado, as coisas não andam boas. Se pior do que sob o Conselho Central, eu não sei. Agora só chega às nossas mãos aquela folha de notícias, enquanto antes acreditávamos ler jornais de

13   Alimento do espírito, em latim no original.

verdade, embora só lêssemos, além dos decretos da República dos Conselhos, ensaios de Voltaire, Stirner, Marx e Hölderlin (!); em todo caso, nenhum jornalista bolchevista desprovido de talento. Além disso, podíamos admirar xilogravuras futuristas. Nos últimos dias da glória de Landauer, alguns tipógrafos do *Münchener Neueste* foram visitá-lo. Rogaram-lhe que não lhes tirasse o pão da mesa reprimindo a editora. Landauer respondeu que jamais a República dos Conselhos tiraria o pão de um trabalhador, muito pelo contrário! Então lhe fizeram um pedido: que pelo amor de Deus deixasse ao menos de publicar aquelas "ilustraçõezinhas" horrorosas. Ele, então, lhes fez uma palestra sobre a arte revolucionária. A repressão total de qualquer notícia, é claro, tem como consequência boatos e mais boatos. Quando ontem alvejaram o avião, logo se disse que ele havia sido derrubado e, poucas horas depois, que o próprio Hoffmann, o governador, estava a bordo e agora estaria mortíssimo. E quanta coisa não se conta a respeito do "front". Ora há exatamente 120 mil homens da Guarda Branca em Dachau, e Epp já está no palácio Nymphenburg, e hoje à noite (sempre "hoje") ele arrasa Munique com artilharia pesada; ora são os "brancos" que levaram uma tunda do Exército Vermelho em Allach e bateram em vergonhosa retirada...

Só há uma coisa absolutamente inalterável no meio de todas essas mudanças de quadros e notícias, e que se encaixa tão bem no clima maluco dominante de primeiro de abril como num romance: a tranquilidade estoica com que os casais burgueses muniquenses passam horas na janela, tão imóveis como se fizessem parte da arquitetura da casa. Mais uma vez: a verdadeira Munique assiste ao teatro da revolução de uns estrangeiros loucos. E de fato: agora ela não pode fazer mais nada a não ser assistir, está abandonada por completo. E, se não vier nenhuma salvação de fora, todo o aconchego terá fim e o momento cômico da tragicomédia de Munique irá minguar até sumir de vez. Não que disso tudo vá surgir uma verdadeira tragédia, pois isso exigiria grandeza tanto dos vencedores quanto dos vencidos...

[18 DE ABRIL DE 1919]

Ontem à tarde conheci pessoalmente Gustav Landauer, que durante alguns dias significou o destino, em especial o destino espiritual de Munique – e, ele próprio esperava, o da Baviera. Só os cabelos longos caídos sobre os ombros permitiam reconhecer o esquisitão; de resto, o homem magro com a barba que vai se tornando grisalha nos dá uma impressão inteiramente cultivada, nem revolucionária nem proletária; os grandes olhos castanhos têm uma expressão antes de bondade que de fanatismo, a voz e a maneira de falar são de uma suavidade polida. "Se quer conhecer o futuro da universidade", disse com certa melancolia, "dirija-se ao sr. Hoffmann. Isso aqui não vai durar muito mais. E eu não posso determinar nada, o sr. Levien teria de assinar tudo. Essas pessoas compreendem sua república de um ponto de vista puramente materialista e, além disso, só têm a ínfima república da cidade, o Estado todo está contra eles... Eu, ao contrário, eu queria influir na vida do espírito". Acreditei inteiramente em suas palavras e, contudo, não posso lamentar por ele: o fato de ter sido tirado do caminho com tanta rapidez pelos piores elementos já é em si uma prova de sua incapacidade política. Que nem de longe é também incapacidade intelectual. "Eu sem dúvida teria reformado a universidade nas três semanas de férias", diz Landauer. Se ela teria sido beneficiada por essa reforma? É muito duvidoso. Ele queria afastar os professores incapazes de ensinar, queria dar segurança financeira aos docentes, queria tornar as aulas mais vivas – mas durante a "fase de transição" queria trazer, para as disciplinas de economia política e história, única e exclusivamente socialistas que proclamassem a "verdade" sobre como a Prússia e a Baviera haviam sido "ambas constituídas de territórios roubados", e não se lançassem em defesa do capitalismo como o "arquirreacionário" Max Weber. Como eu o olhasse com um leve sorriso ao ouvi-lo pronunciar a palavra "verdade", apressou-se a acrescentar que sabia muito bem da relatividade daquele conceito, mas insistiu que agora era a hora de falar alto, apenas isso, falar muito alto o que até hoje estivera condenado ao silêncio. E a Faculdade de Direito, que forma futuros servidores do Estado, ele a teria pura e simplesmente abolido! Mandara até dizer aos altos funcionários de seu Ministério da Cultura que deveriam "esquecer seu espírito jurídico". Não, eu não posso lamentar que ele tenha esgotado tão rapidamente seu papel como governante autocrático. É um inspirador, um jornalista, um grande talento, mas infantil ao extremo. E mesmo a criança mais talentosa produz danos quando brinca autocraticamente com coisas de adultos. Assim também esse fino jornalista, com todo o seu intelectualismo, prejudicou a imprensa durante todo o tempo em que a dirigiu. "Eu faria de meu jornal um livro", diz ele com orgulho, e, com isso, profere ele próprio sua sentença; pois existe uma diferença entre uma coletânea de ensaios e um jornal. Ele é uma criança, e eu desejo a ele (como a todos nós) que ninguém o transforme num mártir...

Perguntei também a Landauer quem era o camarada Otto Thomas, que deveria falar à noite na universidade sobre o Manifesto Comunista. "Um secretário sindical que acabou de descobrir ter um coração comunista, que tem um pé na Munique de hoje e outro em Bamberg." Às sete horas, fui ao *Auditorium Maximum*. Pelo menos 1.500 pessoas se aglomeravam ali. Mas se senti falta de alguém, foi dos trabalhadores. Ninguém a não ser intelectuais. Muito Schwabing (o café Stefanie devia estar vazio), muita classe média por excelência, em tudo o público costumeiro de palestras científicas populares. E uma palestra comum, como já as ouvimos às dúzias em Escolas Superiores Populares e outras instituições de ensino semelhantes sob o *ancien régime*, exatamente iguais e do mesmo nível, foi o que se ofereceu bravamente ali para ouvidos pacientes. Estava desprovida de qualquer excitação, qualquer sensação, qualquer inovação. A criança, porém, tinha um nome. Antes do orador, um estudante do Conselho Revolucionário das Escolas Superiores subiu ao púlpito: "Companheiros! Camaradas! Eu os saúdo aqui, hoje ainda como semi-hóspedes, de amanhã em diante como donos desta casa, desta instituição inteira. A burguesia se sustentava sobre três pilares: sobre o militarismo, o burocratismo e o monopólio da educação pelas classes abastadas. Hoje destruímos o terceiro pilar!". Soava belíssimo, apenas estava em divertido contraste com o que acontecia de fato.

Mas não tomemos tudo ao pé da letra. Nós também derrubamos o "militarismo" ao imitá-lo de um modo tão engraçado. Os relatos do Estado-Maior no front têm um estilo cada vez mais ludendorffiano[14]. "Temos Rosenheim firmemente em nossas mãos" – "Dachau tomada. Nossas tropas, que lutaram extraordinariamente, foram ainda além. Algumas centenas de prisioneiros, quatro canhões... (etc. etc.) caíram em nossas mãos." Só falta mesmo o velho "Trazei as bandeiras"! Por enquanto a gente se contenta com um "Trazei comida!", com o que, porém, toda a comicidade ameaça se afogar em miséria. Aliás, um cartaz de hoje adverte as comissões de controle para de fato entregar os estoques de víveres confiscados, para que a República dos Conselhos os distribua de modo justo aos "doentes, velhos e combatentes". Mas não deve haver muito mais o que distribuir sob este governo; pois mesmo os maiores otimistas calculam que as provisões de víveres em Munique dão para no máximo duas semanas. Munição, por outro lado, parece haver em abundância: a quantidade disparada ontem por duas vezes contra aviões de Bamberg talvez fosse suficiente para resistir a um pequeno ataque em Flandres.

[19 DE ABRIL DE 1919]

"Tribunal Revolucionário" no Palácio da Justiça. Com a exuberante ornamentação rococó de sua suntuosa escadaria, caberia perfeitamente em quadros vivos de 1792, da época de Danton; eu apostaria que os diretores artísticos de nossa revolução muniquense pesaram muito bem isso. Landauer, afinal, é especialista, como demonstra o seu *Cartas da Revolução Francesa*[15]. Na entrada Stachus, alguns marinheiros exigem minha identificação. Uma vez que ela tem uma natureza fatalmente burguesa, meus bolsos são educadamente apalpados em busca de armas.

---

14 Referência ao general e político Erich Ludendorff.
15 *Briefe aus der Französischen Revolution*, cartas selecionadas, traduzidas e comentadas por Gustav Landauer. 2 vols. Frankfurt: Rutten & Loening, 1919.

Depois disso, posso passar, sem precisar entregar meu canivete, que mostrei. Lá em cima, há um vaivém no corredor. Uma sala de audiências do tribunal estadual tem uma nova inscrição em letras grandes: "Sala de audiências do Tribunal Revolucionário", ao lado há um outro recinto, designado como "Sala de recepção do Tribunal Revolucionário", e de modo geral essa palavra significativa se repete de bom grado e com frequência. Trabalhadores com espingardas penduradas aos ombros e braçadeiras vermelhas, um grande número de soldados com granadas de mão espalhados ao redor. A sala de audiências não parece diferente do que era no tempo do antigo regime; algum príncipe em uniforme de general pende imperturbado sobre o estrado dos juízes. Tenho de esperar muito tempo pela entrada da corte "permanentemente" em atividade. E isso não é de modo algum tedioso, pois no espaço reservado ao público, onde homens em uniforme e "companheiros e camaradas" civis se sentam fumando e portando armas, onde também não falta o elemento feminino, se desenrola a conversação mais animada. Um trabalhador alto que brinca com a carabina acaba de voltar do front e fala da grande vitória em Dachau. Como os brancos bateram em retirada, como "todos" eles traziam a Cruz de Ferro de Primeira Classe tomadas aos prisioneiros, como os vencedores receberam um adicional de 2 libras de carne defumada. Um outro conta que agora só trabalhadores poderiam utilizar as linhas de trem, a "gente de bem não" – "mas todos querem ser trabalhadores, trabalhadores intelectuais". Indescritível o desprezo com que ele pronuncia a palavra "intelectuais", e, de fato, seu desprezo é justificado. Quanto adesismo oportunista, quanto coquetismo se exibe aqui. Schwabing brinca de revolução mundial – seria de rir, se não fosse também para se desesperar, pois a crescente inflexibilidade dos verdadeiros proletários não é nenhuma brincadeira. Alguém fez a mais nova sugestão de "imobilizar definitivamente os capitalistas", que "são pessoas diferentes de nós". "Em cada casa onde moram doze burgueses, poderíamos aquartelar vinte proletários. Então eles não poderiam mais se mexer, e quando os brancos viessem, nós atiraríamos de todas as janelas." Em seguida se discute seriamente a questão da renovação moral. Não haverá mais "prostituição", pois a culpa dela é toda dos burgueses. Eles sabem que terão todos de se casar por dinheiro, e antes disso querem amar, por isso seduzem as filhas do povo!! Isso é dito com convicção e recebe vivos aplausos. Então entra a corte do tribunal. Uma mulher de cabelos grisalhos e quatro homens como juízes, dois homens, um como "porta-voz" (antes promotor) e outro como escrevente. Eu quase falava em uma dama e cinco cavalheiros, pois nada tinham de proletários e não eram de modo algum sedentos de sangue, pareciam antes honestos burgueses de uma benevolência quase dissonante, como se quisessem sugerir, de modo tranquilizador, que não eram leões, e sim Snug the Joiner[16] (ninguém ainda foi condenado à morte – no máximo a alguns meses de prisão, ouço alguém sussurrar atrás de mim). Um poder fortemente armado traz o criminoso para dentro: um rapaz franzino, de aparência juvenil, com uma basta cabeleira desgrenhada, vestindo uma farda cinza puída. Ao mesmo tempo duas testemunhas se apresentam. "Sou a amante de Frank Ludwig, não farei juramento", declara de imediato a mais nova. "Agora me dê a mão e prometa dizer a verdade – como se tivesse jurado", diz o presidente. Depois lê, sempre meio em dialeto, muito brevemente, a exposição dos fatos e faz um interrogatório breve e enérgico. Esse Frank Ludwig, depois de ter comprado cem cupons de carne por 145 marcos e tentado revendê-los por 200 marcos, foi detido no Soller, uma taverna das mais notórias por esse tipo de transação. "O senhor não pensou consigo mesmo que desta maneira estava prejudicando os pobres?" – "Não!" Muito mais do que isso não se pôde conseguir do "criminoso contra a revolução". Ele apenas repetia sempre que era vendedor ambulante na zona rural, que não pudera voltar para casa porque os trens não estavam circulando e que de algum modo tinha de se arranjar para viver. Era também um inválido de guerra, três convulsões por semana – a amante e a mulher que lhe alugava o quarto podiam confirmar. Poucos minutos depois, o "porta-voz" toma a palavra. O homem tinha de ser punido, limitou-se a dizer. O presidente se levanta, mas

---

16 Referência à personagem do marceneiro na comédia *Sonho de uma noite de verão*, de William Shakespeare.

o homem sentado ao seu lado o puxa pelo casaco. Ele volta a se sentar. "Ah, sim, a defesa!" Um cavalheiro se levanta atrás do acusado, desta vez um cavalheiro de verdade, com leve sotaque de Schwabing, sem dialeto. Ele também é muito breve: que não se pretendesse "dar um exemplo", isso sempre é injusto. A corte se retira e logo retorna. O acusado recebe dois dias de prisão, que já foram cumpridos antes do julgamento. Além disso, recebe uma censura. "De agora em diante venda cadarços, não cupons de carne!" Sem ser jurista, acho que antes esses casos não eram tratados de forma muito diferente nos tribunais da juventude, do comércio e nas cortes presididas por juízes honorários. Mas isso soa tão mais bonito: "Tribunal Revolucionário"!... Um segundo caso é mais grave. Um soldado, que realizava "controle de armas" em casas burguesas, aceitara que lhe dessem bebida, se embriagara e ameaçara seriamente uma família burguesa com o revólver. Aterrorizadas, as pessoas pediram socorro pelo telefone, e outros soldados chegaram no momento em que o acusado ameaçava disparar no vestíbulo às escuras. O presidente se expressa com uma grosseria divertida, e o veredito é de seis meses de prisão. Nada se pode dizer contra o tribunal de justiça: leva muito a sério a sacralidade de suas funções. Mas aqui se revela com clareza a ambiguidade da instituição. O público resmunga vivamente. Aquela era uma pena como as do antigo regime, não se precisava de uma revolução, de uma destituição da antiga justiça, se era para punir com tanta crueldade um bravo soldado da Guarda Vermelha por intimidar um pouco a burguesia. O tribunal é onipotente para determinar as penas, nenhuma lei o tolhe, nenhuma formação profissional impede os juízes. E a onipotência desse tribunal, num dado momento, tem de se transformar em total impotência justamente diante daquele público, o povo "soberano"...

Em qualquer parte de Munique se vê a mesma comédia, o mesmo perigo. Eu acredito que as pessoas lá fora ainda imaginam nossa situação como algo mais terrível do que ela de fato é; o que temos aqui é antes um teatro da revolução do que uma revolução sangrenta, ainda andam por aqui mais Snugs the Joiners do que leões de verdade — mas a cada hora tudo pode ficar diferente, e bem diferente. E os danos infligidos a Munique

154

já são imensos. Fui até a estação perguntar se era possível enviar correspondências para o norte da Alemanha. Onde antes havia guardas solitários, há agora, diante da colunata, fileiras inteiras de homens armados, "coladinhos" uns aos outros; em sua maioria trabalhadores com um emblemazinho na lapela: "Maffei". Nas janelas acima e sobre o telhado, metralhadoras ameaçam. Disseram que as cartas podiam ser depositadas na caixa, cartas registradas também estavam sendo aceitas novamente, mas se e quando seriam enviadas, ninguém poderia dizer. E assim como a circulação dos trens e dos correios está quase de todo parada, também estão, há bem uma semana, todo o comércio e toda a indústria da cidade. Uma greve geral total não pode ser realizada, de vez em quando estabelecimentos específicos, ramos específicos de negócios são excluídos da greve. Mas tudo vai parando mais e mais a cada dia, e a maioria da população sofre mais e mais a cada dia. Como concessão especial, a operação dos bondes foi retomada nos feriados; diz-se que os cofres dos detentores do poder estão completamente vazios, e eles precisam arrecadar dinheiro seja lá onde for; pois, se as tropas não receberem seu soldo, elas se colocam "em fileiras cerradas atrás" — sim, atrás de quem? Elas se colocam sempre atrás de quem paga. Os bondes, diz-se, podem cobrir alguns dias de soldo.

[DOMINGO DE PÁSCOA, 20 DE ABRIL DE 1919]

Comunhão e comunismo. A Ludwigstrasse e a Schellingstrasse estão literalmente pretas com os milhares de pessoas que saem da missa como uma torrente. E na massa negra centenas de pontos brancos; se houvesse tempo, poderíamos quase nos deixar tomar pelo lirismo e falar em campânulas brancas sobre a terra negra da primavera: as mocinhas vestidas de branco que voltam da comunhão segurando rigidamente as velas diante de si. A multidão se dispersa assustada, porque um carro militar, com flâmulas vermelhas e metralhadoras, passa correndo e apitando. Não se passa um dia sem que essa correria insensata, nada além de um mero divertimento, faça suas vítimas. Assim se morre pela liberdade! Dirigir é um divertimento, e atirar também.

Podem-se ver agora belas penas de faisão espetadas como baionetas no cano das espingardas: os faisões do Jardim Inglês são objetos de caça muito atraentes. Mas quando Mair Franz mata faisões no Jardim Inglês, Huber Xaver, na Feilitzschplatz, pensa que os brancos deram o seu *putsch*, e também atira, e então a sentinela na Igreja do Redentor ali perto soa os sinos de alarme, e durante um quarto de hora ouvem-se estampidos nas redondezas. Isso tudo é muito engraçado, em especial para a juventude; as crianças brincam de "revolução" na rua com panos vermelhos, e eu conheço um menininho que diz radiante, como primeira tentativa de falar, "bum! bum!", quando as carabinas disparam, e "ratatatá" quando as metralhadoras pipocam. Mas também esse divertimento, por sua natureza, exige diariamente suas vítimas, não raro mulheres e crianças.

O louco "tiro aos aviões", porém, para o qual já se haviam instalado canhões no Hofgarten, pelo menos por enquanto saiu de moda. Isso se deve a uma melhora da situação para o governo local. "O destacamento aéreo de Schleissheim se colocou em fileiras cerradas na retaguarda da República dos Conselhos. Está prestando seu serviço com flâmulas vermelhas. É rigorosamente proibido alvejar aviões." Logo em seguida, contudo, um avião de Bamberg despeja volantes, assinados Hoffmann-Schneppenhorst, pedindo à população de Munique que não desanime, o governo "conhece seus sofrimentos" e trará ajuda. Mas a fé nessa ajuda enfraqueceu. Um colaborador de Landauer contou-me que a novíssima República dos Conselhos se sente outra vez mais segura. O segundo e o terceiro corpo do Exército se "colocou em fileiras cerradas à sua retaguarda" (depois de "ancoragem", essa é a palavra da moda favorita), os camponeses da região haviam sido amansados por agitadores e voltaram a fornecer víveres: assim os negócios podiam continuar. De fato, agora chega muita coisa comestível; os comunistas haviam ameaçado deixar os cidadãos morrer de fome, caso o bloqueio continuasse. Agora também o espírito deve recuperar seus direitos, Levien quer suportar Landauer a seu lado como ministro da Cultura. Perguntei como o idealista Landauer poderia desempenhar suas funções ao lado do "ministro da Guerra", notoriamente brutal e miolo mole. A resposta foi que, na Rússia, Górki atua abençoado ao lado de Lênin, e na República dos Conselhos cada um é livre em sua própria esfera! Assim, talvez ainda venhamos a desfrutar das deslumbrantes reformas e desburocratizações de Landauer. Ouço, aliás, falar de uma bela peça que lhe foi pregada pelos chefes de departamento em seu primeiro dia no cargo, e essa peça me foi confirmada por pessoas próximas a Landauer – mas foi tomada como algo sério, como burocratismo. Landauer mandara chamar os chefes de departamento. Ele queria, dali em diante, como verdadeiro comissário do povo, ver e ordenar tudo ele mesmo, de modo simples e não burocrático. Na manhã seguinte, em cada lado de sua escrivaninha, havia dois cestos de roupa suja, cheios de correspondência passiva e ativa, com todos os pacotes de documentos correspondentes. Numa escola conventual havia uma janela a ser reparada, numa escola secundária os alunos queriam fundar uma associação de futebol – tudo isso, com todos os documentos, estava diante do senhor comissário do povo. Desesperado, ele mandou chamar novamente os relatores. No antigo regime tudo aquilo também era levado ao ministro? Não, era trabalhado nos diferentes departamentos, mas o sr. Landauer – o título fora abolido por ele próprio – tinha dado ordens expressas... Então ele mandou que se fizesse tudo como antigamente! E assim aquela reforma poderia ter um destino semelhante à do sistema jurídico. Mas também aqui, naturalmente, há a ameaça do caos, a brincadeira de crianças pode degenerar em completa destruição.

E se o único auxílio que o sr. Hoffmann nos manda são panfletos, então a destruição virá com certeza.

O povo de Munique não ajudará a si mesmo. Um dos novos líderes de segundo escalão, um agitador dedicado, amigo convicto do povo,[17] me confidenciou há pouco tempo, meio inconscientemente, sua verdadeira opinião, sua verdadeira avaliação dos bávaros. "Nós, de Baden e do norte da Alemanha, é que temos de liderar. O povo é sem noção, indolente. Mas agora nós lhe pregamos todos os dias: vocês foram os primeiros a expulsar o rei, a ter o seu Eisner; agora têm de continuar a ser os

---

17 Referência a Eduard Weckerle.

primeiros revolucionários, têm de ter a primeira República dos Conselhos! E, com esse apelo à sua ambição, conseguimos tudo!"

A esperança diminui, e hoje já se pode ouvir aqui que, por si mesmo, o governo Hoffmann não poderá prestar nenhuma ajuda à Baviera. Mas, desde ontem, corre pela cidade onde não há um jornal sequer o boato de que tropas de Württemberg estariam em marcha e viriam socorrê-la. Na rua, nos bondes saudados com alegria, nos salões de barbeiro os burgueses e o povo humilde o dizem, sussurrando temerosos, meio crentes, meio descrentes. E acrescentam: "Desde que não sejam prussianos!".

[SEGUNDA-FEIRA DE PÁSCOA, 21 DE ABRIL DE 1919]

Movimento pacífico no Jardim Inglês: pais e filhos e inúmeros "cachorrinhos" e casaizinhos e mais casaizinhos em todas as aleias, em todos os bancos. Para onde mais se poderia ir? Nas redondezas ninguém se arrisca; continuam a dizer que um ataque dos brancos não tarda. Também os trens só estão disponíveis para quem comprovar três meses de filiação ao USP ou à Liga Espartaquista! Também as bicicletas são com frequência "confiscadas" pelos guardas. De repente uma metralhadora começa a disparar nas proximidades. Ninguém se assusta. "Estão outra vez caçando faisões!" Tudo isso é lazer para o "povo trabalhador". Para ele também o cartaz mais recente reserva o Teatro Nacional: "Ingressos só serão entregues mediante comprovante de trabalho". E a burguesia, tranquila e satisfeita, feliz com esse mundo renovado, totalmente acostumada a essa estranha novidade, vai dar um passeio.

[22 DE ABRIL DE 1919]

É preciso consagrar o terceiro feriado! Depois de um intervalo de dois dias, as padarias podem novamente vender até as dez horas. Mas então veio a ordem: "Fechem tudo. Último dia da greve geral. A cidade se enfeita com bandeiras vermelhas; às onze horas desfile dos batalhões de trabalhadores diante do Ministério da Guerra, às cinco horas da tarde haverá uma manifestação geral". Assisti aos dois eventos. A marcha dos batalhões era boa, considerando que não eram soldados que marchavam. As tropas uniformizadas de cinza são jovens que parecem petulantes, mas não guerreiros, que jamais sentiram o cheiro da pólvora. Já os civis! Eles são os verdadeiros soldados; eles entram em cena, carregam as espingardas da mesma maneira que o faziam lá fora, quando tomavam posição. Firmeza na postura, faces resolutas. Alguns chamam atenção pela idade; outros, por alguma deformidade; alguns, pela singular amargura do semblante. Todos têm postura. Se de fato houver luta, os trabalhadores lutarão e os soldados correrão. Se o desfile da manhã, ao menos em suas partes civis, que eram de fato as militares, com seus milhares de pessoas, se mostrou tão forte (dos pretensos 45 mil trabalhadores, cerca de um décimo deve ter desfilado diante do ministro da Guerra Levien), a manifestação da tarde, numericamente maior, caiu no estilo costumeiro do divertimento. Homens, mulheres, rapazinhos adolescentes, com as mais belas bandeiras vermelhas, cheios de uma satisfação fabulosa, em especial as meninas, tornaram a percorrer em ordem a Ludwigstrasse, desta vez em massas armadas e desarmadas. A cada minuto um chefe gritava "viva!" ou "abaixo!", e então todos eles urravam, felizes, jubilosos com a energia de seus corpos, erguiam os braços para o alto, os mais ousados chegavam a agitar as espingardas acima da cabeça. Soavam especialmente belos os esticados "abaaixooo!". "Abaixo os socialistas dos Hohenzollern, abaaixooo, abaaixooo, abaaixooo!". – Amanhã, contudo, todos têm de trabalhar, as tropas de Württemberg devem de fato estar em marcha, e alguns esperam que os detentores do poder local cedam e capitulem. Terá sido essa apresentação de hoje sua despedida?

[30 DE ABRIL DE 1919]

Hoje parece que seremos enfim libertados desse inferno de ridicularias e absurdos no qual habitamos desde o dia 7 e a cujos círculos inferiores descemos desde o dia 13. Ontem à noite o alarme soou com uma força incomum; aos já costumeiros sinos e disparos de espingarda vieram se juntar as sirenes das fábricas, o nítido ruído dos trens que obviamente traziam reforços (pois de outro modo nenhum trem circula, e depois de Dachau o correio também já não aceita nenhuma remessa), os tiros longínquos de canhões, que duraram toda a noite e continuaram a ser ouvidos durante o dia. Vieram então dois cartazes ominosos nos muros: um informando sobre uma série de prontos-socorros instalados em Munique, o outro trazendo o título: "A Divisão de Fuzileiros da Guarda de Cavalaria de Berlim nos arredores de Munique". Nele se podia ler: os "assassinos de Luxemburgo e Liebknecht" estavam à solta em Munique, matavam prisioneiros aos montes, e também paramédicos, também velhos indefesos, e seus documentos tinham "a assinatura de Noske". "Noske prepara um banho de sangue para o proletariado unido de Munique. Trabalhadores! Soldados! Derrubem a dominação prussiana!" O mais interessante nesse anúncio, que mais uma vez convocava para o Exército Vermelho, era o comportamento do público. Alguns riam, alguns xingavam – mas não os prussianos. "Se ao menos eles viessem e nos livrassem dessa corja!" Contudo, também não se podia deixar de ver que por toda parte uma descrença meio surda, meio melancólica se misturava a esse sentimento de ira e de esperança. Sim, depois de muito observar, eu sem dúvida não erro em dizer que o estado de ânimo dos muniquenses em sua maioria consiste numa frouxa resignação. As pessoas dizem a si mesmas que não se pode esperar por ajuda séria, que, seja como for, tudo continuará do mesmo jeito. Essa opinião tem claramente duas raízes. Em primeiro lugar: não há mais nenhuma fé na força, e muito pouca na boa vontade do governo Hoffmann "lá fora". Vezes demais seus aviões nos anunciaram ajuda, e nada aconteceu. Agora todos se dizem que por si só, com duvidosas tropas bávaras, o governo não conseguirá nada, e não ousará chamar tropas forasteiras, muito menos as prussianas. (Aliás, isso já nem seria ousadia, elas seriam recebidas aqui como salvadoras pelos burgueses e pequeno-burgueses, e também pela maioria dos trabalhadores, que só a contragosto ainda participa do insano espetáculo!) Além disso, nossa resignação tem suas raízes justamente na fraqueza do "governo" local, que há muito tempo já não é nenhum. Todos sabem que ele já não pode se sustentar, e é por isso que temem qualquer negociação. Negociações entre dois fracos levam a compromissos dúbios, aos quais, depois de um breve período de tranquilidade, seguem-se novos atos de violência dos partidos mais inescrupulosos. Há algum tempo o *Simplicissimus* trouxe o retrato da família berlinense que rezava o seu "Pai Noske"; muitos, muitos milhares de pessoas aqui desejam um Pai Noske para si, chame-se ele Epp ou seja lá como for. Apenas um acerto de contas mais rigoroso poderia nos ajudar, e ninguém mais ousa esperar por ele, apesar da Guarda de Fuzileiros de Berlim, cuja real presença diante dos portões não podemos comprovar. –

A fraqueza dos detentores do poder local, que ninguém mais sabe exatamente quem são, uma vez que eles trocam de posto a cada seis ou doze horas, se revela cada vez mais cômica desde a grande manifestação de encerramento da greve geral. Assim, no dia 27, o *Post*, que pode novamente circular, publicou um relato sobre a reunião dos conselhos da indústria, na qual cada "comissário do povo" prestou contas da situação. O representante do Departamento de Alimentação disse que seria possível resistir por duas semanas ainda, desde que não se tivesse de dar nada à população civil. Contudo, era sabido que a população civil já estava de todo privada de leite e banha, e quase completamente de carne. O ministro das Finanças, Maenner, porém, deu a bela explicação de que, financeiramente, se poderia ainda resistir por quatro semanas "se a Guarda Branca não conquistasse a fábrica de papel de Dachau". E mesmo a fábrica de papel de Dachau poderia produzir apenas magros recursos, pois só havia placas para a impressão de notas de 2, 1 e meio marco; o restante do material de impressão fora levado pelo governo Hoffmann!

Como consequência dessa assembleia do dia 27, o camarada Levien renunciou, uma orientação mais moderada se impôs – mas não se sabia até que ponto e por quanto tempo –, os jornais burgueses foram liberados sob a condição de censura prévia e os poderes estabelecidos declararam-se dispostos a negociar, e, mesmo que ainda não se tivesse podido implementar inteiramente as ideias dos conselhos, ao menos se tinha durante algumas semanas realizado um trabalho "educativo". Logo em seguida, porém, o jornal *Die Rote Fahne* conclamou à resistência até o fim e amaldiçoou todos os traidores; ouvimos novamente falar em tomada de reféns, e houve também ameaças de penas pesadas a todos os que atribuíssem más intenções ao camarada Levien em particular e à República dos Conselhos em geral. Mas um conhecido próximo, meio aventureiro, que tem alguns amigos em Schwabing, demonstrou-me como era fácil incorrer nessa pena. Ele passa ao lado do Palácio de Wittelsbach, a sede do governo. Alguém o chama: "Olá, amigo – por que você não está servindo à nossa causa?!". A contrapergunta: desde quando haviam dispensado o tratamento cerimonioso, e em que se podia servir? Resposta: todos nós, comunistas, dispensamos o tratamento formal aqui, e é claro que você pode nos servir. O amigo H.[18] é levado para uma sala onde recebe, sem mais delongas, um documento de identificação com um belo carimbo, que ele me mostrou com satisfação. "Comitê de combate à contrarrevolução. O camarada H. tem o direito de portar armas e efetuar as prisões que considerar necessárias para defender a revolução." Uma vez, no decorrer da conversa, ele se ofereceu para conseguir para mim, sem maiores esforços, um documento semelhante, outra vez me ameaçou com a prisão se eu não lhe arranjasse cigarros. O que entre nós era brincadeira podia se tornar sério em muitos casos, e se tornou de fato muitas vezes terrivelmente sério.

O *Staatszeitung*, um dos jornais burgueses, fez uso da gentil permissão que lhe fora concedida e circulou no dia 28. Seu suplemento continha uma brincadeira muito característica. Na página oficial, trazia os comunicados dos diversos ministérios estaduais (do Interior, da Cultura, da Agricultura e da Silvicultura) do início ao fim de abril, cada uma dessas resoluções devidamente assinada pelos chefes de repartição atuantes em Munique. Que os ministérios haviam sido dissolvidos, os chefes de repartição, exonerados, as instituições às quais aquelas resoluções eram dirigidas, viradas pelo avesso por meio de diversas normas de comissários do povo, conselhos de indústria e comitês revolucionárias sempre novos, nada disso preocupara

18 Hans Meyerhof.

162

nem um pouco os bravos senhores chefes de repartição; ao contrário, eles haviam permanecido em seus lugares, continuaram a trabalhar e esperaram.

Menos divertida era a leitura dos jornais externos, alguns dos quais, desde o fim da greve geral, chegavam com grande atraso e irregularidade (enquanto a entrega de cartas continuava inexistindo). Assim, púnhamos os olhos sobre exemplares do *Reichszeitung* velhos de sete ou oito dias, do *Wiener Zeitung* um pouco mais frescos. Neles se dizia que Lettow-Vorbeck estava em marcha e Munique, "prestes a cair", no que acreditávamos menos ainda porque já no dia 25 volantes atirados de um avião nos haviam dito para estar em casa às seis horas, pois a luta ia começar – e então tudo permanecera tranquilo. –

Mas o que sentíamos como verdadeiramente desagradável não eram essas profecias não realizadas, e sim as histórias de horror que se disseminavam por Munique. Dizia-se que entre nós já correra uma quantidade terrível de sangue, que casas haviam sido incendiadas e que os comunistas tinham começado a socializar as mulheres e moças burguesas. Em tudo isso não há (pelo menos até hoje) uma única palavra verdadeira; até agora os comunistas se guardaram de cometer bestialidades inúteis. Mas é claro que se gabam: a imprensa burguesa mente, eles hão de mostrar às tropas induzidas ao erro como os comunistas são gente fina, com isso as farão mudar de lado, como já haviam logrado fazer recentemente quando de sua grande vitória em Dachau. E eu temia que de fato os comunistas pudessem limpar a própria barra dessa maneira e com isso camuflar o monte de injustiças que lhes pesava na consciência. Pois se até agora eles ainda não cometeram nenhum assassinato e ainda não reduziram Munique a cinzas, não deixaram, por outro lado, de fazer todo o resto que poderia levar uma multidão desenfreada a se desacostumar do sentimento de justiça e conduzi-la, passo a passo, aos piores crimes. Prisões arbitrárias, tomadas de reféns, inspeções domiciliares que degeneravam em saques comuns e sempre, sempre novas incitações da mais nefasta, sangrenta e perversa espécie contra a burguesia tornada indefesa, espoliada de qualquer direito, de todo atemorizada. Se amanhã os "prussianos" não intervierem de fato, quem garantirá a segurança dos reféns, da não mais existente inviolabilidade da propriedade privada? Mas os "prussianos" não virão, nós teremos de negociar com o sr. Hoffmann, e as cavalariças de Augias, que o cidadão de Munique chama em bom alemão de "pocilgas", talvez até recebam por uma fresta na porta um pouco de ar fresco e de comunicação com o mundo exterior, mas limpas elas com certeza não serão.

[2 DE MAIO DE 1919]

E não é que agora, de fato, se passou para um verdadeiro ato de purificação? Mas infelizmente: o júbilo descomunal, que na tarde de ontem produziu aqui um verdadeiro feriado de 1º de maio, embora muito diferente daquele sonhado pela "juventude socialista", a "mocidade de 14 a 18 anos" que queria protestar em massa contra todos os governos retrógrados, entre os quais ela incluía os conselhos locais, um feriado no qual os bávaros ovacionavam os prussianos, antimilitaristas ferrenhos ovacionavam soldados rígidos e até mesmo – *horribile dictu!*[19] – oficiais com dragonas genuínas, capacetes de aço e fuzis de serviço. – O júbilo deleitoso se extinguiu ao cair da noite e não quer recomeçar hoje, embora milhares de lenços ainda acenem para as tropas que entram na cidade; pois desde a tarde, durante a noite inteira e se estendendo por toda a sexta-feira, grassa sem descanso o combate mais acirrado, crescendo da escaramuça para a batalha, e quase ininterruptamente as explosões das minas e granadas fazem tudo estremecer, abafam o matraquear feroz das metralhadoras e os estampidos dos tiros. Corre muito sangue no centro da cidade, onde os espartaquistas resistem desesperadamente, pois não podem mais esperar nada de uma rendição.

Na manhã do dia 1º de maio, pela última vez, parecia que a cidade de Munique em si seria poupada dos combates nas ruas. Dois cartazes nos muros, mais uma vez, substituíam os jornais. Uma nova greve geral já havia sido anunciada no dia anterior,

---

19 "Coisa horrível de dizer!", em latim no original.

sem, aliás, ser respeitada de todo pelos desesperados proprietários de pequenas lojas. Um dos cartazes exprimia a indignação do governo pelo assassinato de reféns cometido à noite. Ele não era culpado pelo ato. Não era culpado, depois de ter provocado durante tanto tempo, não era culpado, depois de ter entregue as pessoas indefesas à turba sistematicamente animalizada! Até o momento ainda não sabemos os nomes de todos os mortos, pois os cadáveres foram horrivelmente mutilados. Mas que entre esses "capitalistas" e "aristocratas" havia um secretário da ferrovia, um professor de escola secundária e também uma mulher, isso sabemos. Fala-se também em Döderlein, o genial ginecologista que ajudou a tanta gente... O governo inocente declarava num outro cartaz que, segundo tudo levava a crer, a ideia dos conselhos seria pisoteada pela violência militar. Mas uma ideia não morre (apenas mata!), e, como sinal disso, trabalhadores e soldados desarmados deveriam fazer uma manifestação no Theresienwiese. A palavra "desarmados" estava fortemente sublinhada, de modo que tudo tinha a aparência de uma temerosa capitulação, e à raiva pelos ultrajantes assassinatos se mesclava também um sentimento de alívio e desagravo:[20] dizia-se em toda parte que a Estação Leste fora tomada à noite pelos prussianos, e as tropas libertadoras entrariam na cidade sem luta em poucas horas. Então, em torno das onze horas, começa um tiroteio na Ludwigstrasse, e um bando de pessoas assustadas passa correndo sob a minha janela na vizinha Schellingstrasse. Logo em seguida um soldado da Guarda Vermelha que se aproximava pedalando despreocupadamente é derrubado da bicicleta, um senhor idoso lhe arranca com um puxão a bolsa de munição, um jovem lhe tira a espingarda por cima da cabeça, toma dele o cachecol também cheio de munição, derruba-lhe o quepe com um golpe e o deixa ali estupefato. Foi o início da "contrarrevolução" aqui. Quando cheguei à rua,

20 Em 30 de abril de 1919, soldados da Guarda Vermelha, cujo comandante, o marinheiro Rudolf Egelhofer, detinha a autoridade suprema sobre Munique desde 29 de abril de 1919, na tentativa de intimidar as tropas governamentais e dos *Freikorps* que se aproximavam da cidade, mataram a tiros dez reféns anteriormente presos, entre os quais se encontravam oito membros da antissemita e nacionalista Sociedade Thule.

esse primeiro susto já havia passado. Em sua rapidez, ele teve um efeito enorme. Sobre o Ministério da Guerra já tremulava uma bandeira azul e branca, sobre a Residência a azul e branca acima da vermelha, e sobre o Palácio de Wittelsbach um pano branco. Tudo aquilo estaria nas mãos dos brancos? De onde teria surgido, tão misteriosa e rapidamente? Pois ainda não havia em Munique nenhuma tropa vinda do exterior. E a burguesia fora completamente desarmada. Ao que parecia, não tão completamente assim. Alguns tinham sabido esconder suas armas e agora tornavam a exibi-las. E, então, as tropas. Os pioneiros aqui sempre tinham sido os filhos problemáticos dos soviéticos: estudantes, comerciantes, burgueses — esses conspiravam, esses esperavam sua hora. E os *Leiber* — sim, os *Leiber* tinham outra vez se declarado "neutros", tão neutros que se podia ir buscar armas em sua caserna. Era muito, muito estranho. O homem da Guarda Vermelha que haviam desarmado debaixo de minha janela foi o último que vi com uma braçadeira vermelha; dali em diante só encontrei soldados com braçadeiras brancas, muitas vezes improvisadas com bandagens. Mas, mais frequentemente que soldados, encontrávamos civis, que reconhecíamos como estudantes e também como ex-oficiais, ora pela cara, ora pelas galochas de couro altas e impecáveis. Haviam simplesmente amarrado um lenço branco no braço, pendurado uma espingarda no ombro. Às vezes também um revólver espiava do bolso do casaco ou era trazido na mão, pronto para ser usado. Ao redor de uns poucos homens armados em geral se reunia um cortejo de pessoas desarmadas, jovens ou velhas; viam-se também trabalhadores entre os burgueses. Cada um desses cortejos levava uma bandeirinha azul e branca, e, por onde eles passavam, faces jubilosas apareciam nas janelas. Lenços esvoaçavam, bandeiras — azuis e brancas, não vermelhas! — eram hasteadas, parecia a sequência de uma grande vitória, como uma festa popular pacífica. E os festejos aumentaram ainda mais. No início da tarde chegaram a cavalo as primeiras tropas: uma pesada cavalaria bávara pela Barer Strasse. Não haviam sido saudados assim quando voltaram do campo de batalha. Mas a festa alcançou o clímax no Siegestor e diante da universidade, vizinha dele, que é separada da rua por um largo semicírculo. Tropas se instalaram ali e se aquartelaram temporariamente na universidade. Homens, mulheres e crianças escalaram o Siegestor e acenavam, agitavam uma bandeira, se acocoravam pitorescamente sobre a quadriga de leões. Na rua sob o arco, ao redor dos guardas postados diante do semicírculo, onde havia carros estacionados e um canhão apreendido, as pessoas se ajuntavam, falavam com os soldados, os presenteavam com cigarros, não se cansavam de lhes fazer perguntas e de lhes contar alguma coisa. Do meio da multidão se ouvia a toda hora: "Claro que são prussianos, mas são também nossos libertadores", e um dos guardas, hussardo com caveira de Potsdam, cheio de medalhas, capacete de aço e os cigarros que ganhara atrás da orelha, contava, em genuíno dialeto berlinense, que todos eles eram voluntários, já conheciam o salseiro de Berlim e de outros lugares, e que havia entre eles homens idosos, guardas florestais com barbas grisalhas que vinham até a barriga, mas, gente, eles vão para cima! (O que ele disse?); disse que haviam chegado de Berlim dois dias atrás, que em Schleissheim os espartaquistas tinham levado uma boa esfrega, que era dali que vinha o obus, e que aqui em Munique era muito melhor do que eles pensavam, as pessoas não eram nada hostis – pelo contrário! Muito pelo contrário. A gente podia acreditar que tinha sido levada de volta a tempos melhores, podia mesmo quase alimentar esperanças de tempos melhores no futuro, tão cordial era aqui o trato entre civis e militares e – é preciso sempre enfatizar – entre os burgueses e os oficiais prussianos. Cada um deles era saudado com acenos e olhares, e também com cigarros, e era um não mais acabar de agradecer e festejar. Mas então alguém se lembrou do motivo dessa excitação patriótica, a dominação comunista aqui, o papel lamentável da burguesia, a fraqueza do antigo governo, que não vencera de fato graças às próprias forças – e uma abundante amargura se mesclou à atmosfera alegre.

Das quatro horas em diante, fomos mais e mais lembrados da gravidade da situação. Munique ainda não tinha sido de modo algum conquistada, os comunistas ainda mantinham o centro da cidade. Enquanto um rio de gente descia a Ludwigstrasse e lia cheia de satisfação o comunicado do governo Hoffmann, segundo o qual tropas bávaras sob o comando do general Von Möhl e prussianas sob o comando do tenente-coronel Oven haviam entrado na cidade apenas para restabelecer a ordem, e no qual ao mesmo tempo era anunciada a lei marcial e o envio de trens com víveres e carvão, as detonações soavam cada vez mais fortes e em intervalos cada vez menores. Fiz depois uma caminhada na direção da praça Stachus para me orientar. Aglomerações em toda parte, que de súbito recuavam quando os urros e os estrondos chegavam perto demais, para mais tarde voltar a apontar o nariz para a frente, alguns destemidos, ou de algum modo forçados, que continuavam a avançar, uma fumaça negra nas imediações da estação ferroviária. E cada vez mais tropas com capacetes de aço coloridos, levantando barreiras, buscando o local de combate. À noite ouvimos tropas marcharem cantando, como em 1914. Os estrondos ainda não haviam cessado, mas em toda parte as pessoas esperavam que o dia seguinte trouxesse a paz. Afinal, dizia-se que havia 35 mil homens em marcha; resistência agora, quando havia um exército inteiro em Munique e nove décimos da população ovacionando os libertadores — e depois de havê-la testemunhado centenas de vezes e tê-la comparado com a recepção da República dos Conselhos, posso jurar que essa ovação não é nenhum clichê jornalístico, nenhuma mentira de algum periódico burguês! — resistência agora seria uma insensatez. Não obstante: hoje até o fim da tarde, quando escrevo estas linhas, uma estrepitosa batalha literalmente dá livre curso à sua fúria. Toda uma esquadrilha de aviões cruza o céu de Munique, orientando o fogo, sendo ela própria alvejada, lançando sinalizadores; minas e granadas explodem ora mais longe, ora mais perto, mas incessantemente, fazendo tremer as casas; uma chuva torrencial de tiros de metralhadoras se segue às explosões e no meio de tudo isso pipoca o fogo da infantaria. Ao mesmo tempo, mais e mais tropas avançam pela Ludwigstrasse a pé, sobre rodas, a cavalo, trazendo morteiros, canhões, carros de provisões, cozinhas de campanha, por vezes acompanhadas de música; um batalhão de paramédicos estacionou junto ao Siegestor, e por todas as ruas se espalham patrulhas numerosas e divisões de diversas armas, em todos os cantos onde a gente pode se esconder e, ainda assim, observar, o público se ajunta, muitas vezes com o binóculo de ópera na mão. Quando aparece um homem com o *Post*, há uma disputa que chega às vias de fato pelos exemplares sempre escassos. Ainda não pude conseguir nenhum. E quando alguém levanta suspeitas — ele tem uma caderneta de espartaquista! — ou ainda demonstra compaixão pelos vermelhos — ora, meu caro, isso não existe mais! —, logo as pessoas chegam às vias de fato ou fazem denúncias à patrulha mais próxima, e, quando observamos os patriotas mais enérgicos, poderíamos quase jurar que ainda ontem eles usavam uma braçadeira vermelha em vez da branca ou azul e branca. Então alguém é preso e todo o interesse se volta para esse *intermezzo* — até a próxima explosão fragorosa, que chama novamente a atenção de todos para a batalha.

Mas ela não pode durar muito mais, a resistência deve ser literalmente esmagada, e amanhã haverá no máximo operações de limpeza. Tudo, porém, dependerá disso: pois eu não aconselharia o ministério do governo Hoffmann a confiar na troca de braçadeiras nem da guarnição nem dos independentes ou dos espartaquistas "com consciência de classe". Já ouvi hoje do campo dos idealistas soviéticos reunidos ao redor de Landauer, que não pode esperar nada de bom nem de Hoffmann nem de Levien, e que já está preso, já ouvi esses incorrigíveis ideólogos dizerem: a má administração que acabou de ruir não tem importância alguma, a verdadeira República dos Conselhos (que nos fez cair de um modo tão belo, tão inocentemente belo, nessa mixórdia de ridículo e crime!) celebrará sua ressurreição três dias depois que as milícias de Noske se retirarem. Acredito que três medidas serão necessárias para impedi-lo: a primeira é óbvia, a segunda, no mínimo igualmente necessária e a terceira, a mais importante. A primeira se chama desarmamento, desarmamento total dos comunistas e independentes; a segunda: uma guarnição civil; a terceira: a renúncia de Hoffmann, a quem todos os partidos, mas todos mesmo, teriam mais a perdoar do que é admissível *in politicis*. Dizem que Auer está razoavelmente bem de saúde. E será que não se poderia encontrar um outro sujeito na burguesia bávara, pelo menos um? Pois o terceiro homem poderia vir do campesinato. Mas precisamos de três homens: um socialista majoritário convicto, um democrata que permaneça no seu posto mesmo quando houver tiroteio e um "preto" que saiba muito bem o que querem os camponeses e os católicos da Baviera. E, se não pudermos ter uma coalizão como essa, nenhum apoio militar do Reich e nenhuma ditadura militar poderá nos ajudar, dure ela uma semana ou um mês, e seja presidida por um general bávaro ou por um não bávaro.

[4 DE MAIO DE 1919]

Em algum lugar ainda se ouvem tiros, ora numa rua lateral, ora dos telhados mais próximos; em algum lugar ainda se ouve "liberem a rua!", e então o povo corre, mas nem de longe com tanta pressa e tão assustado como nos dois primeiros dias de combates. A gente se acostumou de todo à situação dos combates de rua que de repente eclodem aqui e ali, das barreiras que trocam de lugar a toda hora, da vida belicosamente extravagante. O que antes seria uma experiência e teria dado origem a infinitas narrativas agora é encarado com naturalidade e indiferença. A estranha chegada de mais e mais tropas: primeiro marcham soldados da infantaria com capacetes de aço, em duas longas colunas rente à fileira das casas, dando cobertura uns aos outros, prontos para atirar, exigindo que se fechem as janelas toda vez que veem algo suspeito; depois, a uma grande distância, vêm a artilharia, a equipagem, a unidade de saúde, todos os canhões e apetrechos, também os capacetes pintados com manchas de tinta de cores opacas. A confusão de tribos: ao lado dos prussianos e bávaros — também as tropas de Epp chegaram — há agora muitos soldados de Württemberg, e as bandeirinhas rubro-negras de seus lanceiros esvoaçam decorativamente. A exigência amigável, mas enérgica, de um salvo-conduto, em diversos dialetos, nas mais variadas esquinas... Tudo isso agora é muito natural. E somente o centro do verdadeiro desenrolar da batalha, a praça Stachus e as imediações da estação ferroviária, é visitado por milhares de pessoas e discutido detalhadamente. E se isso também deixasse de ser uma atração? O quiosquezinho incendiado no meio da praça, a coluna de anúncios ao lado, atingida por uma

granada, o madeiramento destruído do grande edifício Mathäser, as inúmeras marcas brancas de tiros nos prédios cinzen-
tos, em especial no Palácio da Justiça, em cuja cúpula há um
buraco de bala, as janelas esburacadas, as feridas de granadas
da torre quadrada da igreja luterana e os escombros sobre a
praça atrás dela, uma calha de chuva metralhada, um poste de
luz destruído e em toda parte um emaranhado de fios elétricos
rompidos e pendentes. No meio de tudo isso, por toda parte,
soldados equipados para a guerra, e por toda parte metralhadoras no chão, o longo pente de balas encaixado, pronto para
o uso, e, se chegarmos mais perto de um inofensivo caminhão
que se identifica como pertencente a um grande atacadista de
queijos e manteiga, ele também tem uma metralhadora pronta
para ser acionada. Não há cinema que possa proporcionar tantas sensações. E sempre, sempre o crepitar incessante dos tiros.
E o próprio público excitado eleva sua maravilhosa sensação
a um grau superlativo. Conversas, debates, acusações, a fuga
do suspeito, que agora, naturalmente, é um espartaquista, e a
captura. Quando enfim eles levam o sujeito, homens armados
o cercam, ao menos um deles o ameaça com a pistola, ele tem
de manter as mãos para o alto, juntando-as sobre a cabeça – é
tão terrivelmente bonito de ver que compensa o longo período
em que os cinemas estiveram fechados.

E assim, embora Munique inteira agora já tenha sido conquistada, ainda estamos muito longe de uma situação de nor-
malidade. É verdade que ontem, 3 de maio, tivemos novamente
jornais, verdadeiros jornais burgueses livres de censura, pela
primeira vez desde 7 de abril, e por isso eles traziam também
uma cronologia dos acontecimentos das últimas semanas, mas
ainda são, até agora, apenas as folhas locais, pois os serviços do
correio continuam a nos faltar, não sabemos o que acontece
fora daqui, não podemos enviar notícias precisas de nossas
condições, e as duas coisas nos dão uma sensação angustiante,
nos riscam da vida presente.

O começo de uma nova evolução política depois da catástrofe sangrenta ainda não se deixa reconhecer. O velho-novo
governo apenas se esforça para esclarecer ao povo que não foi a
"Guarda Branca" (nem muito menos os "prussianos", ele faria

bem em acrescentar!) que venceu os espartaquistas, e sim que "tropas socialistas do governo socialista" vieram para trazer liberdade e ordem. Nunca é demais acentuar isso, com toda a frequência e toda a força necessárias, dada a confusão de conceitos que reina aqui. Pois o partido derrotado trabalha com os mais grosseiros boatos e insinuações. Assim, dizia-se, e muita gente acreditava, que "em toda a Alemanha" — e no mesmo dia da conquista de Munique! — fora proclamada a República dos Conselhos, e que Noske se apoiava agora tão somente em Munique! O governo enfatiza também que irá "ancorar" os conselhos industriais: mas sobre a formação de uma guarnição civil não se ouviu uma palavra até hoje. E, no entanto, a guarnição civil é o que haveria de mais importante aqui. Se ela não for organizada o mais rápido possível, em breve, assim que as tropas se retirarem, vamos representar um novo ato de república soviética. Ainda existem tantas cabeças capazes em Schwabing, e é tão fácil achar de novo as braçadeiras vermelhas. Eu louvo a minha Munique. Ela deveria receber o título de Pequena Petersburgo.

À noite. A pátria está definitivamente salva: todos os partidos burgueses fazem uma bela conclamação, falam em unidade, trabalho e pão, e cerram fileiras à retaguarda do governo Hoffmann. Pode-se exigir proeza maior? Paralelamente, uma vez que não é mais proibido, o *Freikorps* de Epp está recrutando e parece se dirigir em especial aos acadêmicos. Já se disse uma vez recentemente que as universidades da Baviera serão fechadas, a fim de dar aos estudantes a oportunidade de prestar o serviço militar. O semestre perdido lhes seria creditado. Não posso considerar isso justo, e também desperta um sentimento de amargura em muitos estudantes — muitos deles, aliás, patriotas apaixonados. Há anos os estudantes têm sido sempre os mais prejudicados; de que lhes serve afinal o "crédito" de todos os semestres nos quais seu estudo foi suspenso? Fala-se tanto na divisão justa de todos os ônus do Estado — onde está a justiça aqui? Também um *Freikorps Wolf*, da Suábia, está recrutando por meio de anúncios: oferece, além do soldo pela mobilização, 10 marcos diários e prevê oito dias de aviso prévio mútuo em caso de rescisão. Há ainda um cartaz do alto comandante

Möhl que agradece às tropas do norte da Alemanha e adverte a população honesta para que não permita que lhe incitem os ânimos contra os prussianos; não é verdade que os prussianos consomem os alimentos de Munique, eles trouxeram as próprias provisões. Eu posso constatar que o público em sua quase totalidade recebe com indignação a tentativa de incitar os ânimos contra os prussianos. "É uma vergonha!" Ainda assim: quando um tanque com a bandeira alvinegra e a caveira branca dos hussardos de Potsdam passa pela Ludwigstrasse, todos o olham em silêncio; e, quando os dragões de Württemberg mostram suas bandeirinhas rubro-negras, muitos, muitos lenços acenam... Durante todo o dia muito quente de primavera o povo batia pernas por toda a cidade. Outra vez havia muita coisa para ver, quase mais do que ontem, pois o fluxo de tropas ainda continua. Música e um pequeno desfile na Ludwigstrasse e no Feldherrnhalle, uma bateria decorada pelas pessoas na rua, soldados que limpavam suas armas no caminho do Siegestor... Especialmente característico era um quadro na Goetheplatz. Lá estava um canhão ameaçador. Diante dele passava uma tropa imponente, cavalaria, infantaria, artilharia. E por uma outra rua um estranho cortejo fúnebre vinha se aproximando lentamente da mesma praça: dois caminhões com metralhadoras à frente e atrás, e no meio os caixões, com flores sobre eles e nas laterais do veículo, à frente a bandeira de Württemberg e no meio soldados espalhados com as armas prontas para disparar. A multidão que acabara de aclamar com gritos as tropas que desfilavam voltava-se agora para os carros funerários armados e tirava os chapéus. Os guardas junto ao canhão não se preocupavam com nada e permaneciam tranquilamente ao lado dele...

Um amigo acaba de me telefonar, dizendo que vai para Augsburg se alistar no *Freikorps Wolf*: vou lhe confiar estas páginas.

[10 DE MAIO DE 1919]

Exteriormente Munique dá agora uma impressão festiva e, na verdade, a cada dia outra ainda mais festiva. As inquietantes imagens dos veículos com as metralhadoras, com os canhões acoplados, com os soldados prontos para atirar, acocorados na frente sobre o radiador, ou de bruços sobre o capô, apontando o cano das espingardas ou a pistola, e também os civis solitários armados, desapareceram das ruas, e à noite só se ouvem tiros pacíficos, como na época da caça aos faisões sob a república soviética, sem o acompanhamento de metralhadoras ou canhões. A gente também já pode permanecer na rua até as onze horas, raramente é revistada e não tropeça mais em metralhadoras aonde quer que vá. Em compensação, durante o dia podemos apreciar a vista de militares honestos e viris e nos fartar de ouvir uma alegre música marcial, enquanto o público não se cansa de olhar, ouvir e seguir e acena freneticamente com lenços brancos. Vimos uma grande unidade de cavalaria, cujo corneteiro monta um cavalo muito branco, e vimos um *Freikorps* da Alta Baviera, o Werdenfelser, como se pode ler em sua bandeira azul e branca, de cujos integrantes apenas uma minoria veste uniforme ou trajes civis, a maioria usa um traje montanhês de couro muito rústico que deixa os joelhos descobertos, e todos tinham um "chapeuzinho" alpino, mochilas e ramos de flores no peito, no chapéu e no cano da espingarda. Mas antes de mais nada temos o *Freikorps* de Epp, com a cabeça de leão dourada rugindo sobre um losango negro no antebraço e a fita ou faixa branca no quepe ou no capacete de aço.

Apesar de tudo: não é uma atmosfera de festa que reina em Munique, e sim, de um lado, a apreensão e a opressão, e, de outro, uma terrível amargura. A luta foi por demais furiosa, e a resistência desesperada dos comunistas superou todas as expectativas. Ainda hoje se leem nos jornais burgueses, ao lado do obituário da viúva do geômetra encarregado do emparcelamento de terrenos, a quem nenhuma abolição de títulos pode abolir, as notícias da morte do tenente que caiu como "comandante de armas na Lenbachplatz", da morte dos "bravos camaradas que nossa companhia perdeu na luta por Giesing", da morte de jovens que, sem tomar parte nos combates, foram atingidos na rua ou em suas casas etc. etc. E como são poucos os que se nomeiam assim! Munique, cinco ou seis vezes menor que a Grande Berlim, viu correr no mínimo tanto sangue quanto ela.[21] E continuavam a acontecer assassinatos à traição, tiros ou punhaladas sorrateiras em sentinelas, mulheres e mães eram apanhadas de espingarda na mão ou girando a metralhadora, e então as tropas do governo também se enfureceram. O horrível fuzilamento de 21 aprendizes católicos inofensivos é um caso especialmente abominável[22] – mas quem iria contar quantas vezes as tropas terrivelmente excitadas abusaram da lei marcial contra um indivíduo, quantas vezes, em momentos de maior tranquilidade, ou mesmo por um tribunal de guerra, a pena de morte teria sido evitada? É a velha e medonha necessidade natural: deixados à solta por um governo fraco – e fraco é um adjetivo dos mais suaves –, os espartaquistas puderam semear a morte, e depois disso a colhiam centuplicada. Assim, agora há círculos aqui cujo ódio rangente contra os "burgueses" e "brancos" não conhece limites.

E, pelo amor de Deus, não vamos nos iludir: esses círculos não são nem pequenos nem estão desarmados ou desencorajados. Em primeiro lugar: das 100 mil espingardas que a comuna distribuiu, foram devolvidas apenas 15 mil, em uma estimativa otimista, em outra, provavelmente mais exata, apenas 5 mil. Em segundo lugar: os espartaquistas têm aqui um meio muito simples e infalível para arrebanhar novos adeptos; a palavra mágica "prussianos" faz isso. Os prussianos chapinharam em nosso sangue, os prussianos nos tiranizam, comem nosso pão e nossa banha! Contra isso nenhum desmentido funciona, nenhum apelo à população sensata para que agradeça aos prussianos como libertadores altruístas, para considerá-los apenas uma parte do exército do governo, que também abrange gente de Württemberg e da Baviera – os trabalhadores e também muita gente miúda, que esquecem seus sofrimentos com a mesma rapidez que suas

---

21 Durante os combates, até a derrubada da República dos Conselhos, contaram-se 606 mortos, 38 dos quais pertencentes às tropas governistas e aos *Freikorps*; na sequência, cerca de quatrocentos caíram vítimas de fuzilamentos, entre eles 52 prisioneiros de guerra russos, executados por membros de um *Freikorps* numa mina de cascalho perto de Gräfeling.

22 Em 6 de maio de 1919, soldados das tropas governistas fuzilaram membros de uma associação de aprendizes católicos em sua sede; eles haviam sido falsamente denunciados como espartaquistas.

alegrias, sabem o que devem pensar dos prussianos. E dizem uns aos outros com muita razão que esses prussianos terão de se retirar em algum momento. Como era característico dos jornais burgueses afirmar constantemente que foram soldados bávaros, oito soldados bávaros, que cometeram o assassinato daqueles pobres aprendizes! Mas quanto proveito se tirou justamente dessa afirmação? Não, as tropas do norte da Alemanha não poderão ficar aqui por um tempo demasiado longo.

E o que acontecerá se em três, quatro semanas os prussianos se retirarem, se a ditadura militar, que existe hoje aqui *de facto*, terminar? Eu posso lhes profetizar sem grande esforço: depois de Landauer, o pobre louco, apenas semiculpado, que nos últimos dias da comuna tinha de temer uma ordem de prisão vinda de Levien e que agora pagou com a vida, ao passo que o louco criminoso Levien parece ter escapado, como, aliás, também Toller[23] – depois de Landauer: Levien, depois de Levien: Epp. Não conheço o quarto homem; mas não se pode enfatizar suficientemente isto: ele não pode se chamar Hoffmann, ou então acontecerá uma catástrofe tal como Munique, apesar de todo o horror dos últimos tempos, ainda não conheceu. Hoffmann errou à esquerda e à direita, o fato de ele ainda continuar em Bamberg deixa aqui uma impressão de desamparo, e causa a impressão mais desoladora o modo como os socialistas majoritários se contorcem e manobram outra vez. Por um momento pareceu que finalmente, finalmente uma luz se acendera para o *Post* de Munique. No dia 5 de maio ele escreveu: "Raiou uma nova época: o povo deu as costas ao velho militarismo. Mas as condições atuais não permitem abolir as forças armadas. Quem não é cego física e espiritualmente deve ter compreendido isso no mais tardar desde as últimas semanas". Mas alguns dias depois o jornal se tornou de novo oscilante e muito inclinado a cair nos braços da violência militarista.

Claro que ainda não lhe foi possível. Contudo, nota-se pelas medidas do governo puramente socialista algumas sensíveis incompletudes. Qual o destino da guarnição civil de Munique? O "regimento da guarda" a ser organizado, uma tropa policial, por

23 Ernst Toller foi condenado a cinco anos de prisão, que cumpriu integralmente.

si só não dará conta do recado, e para a planejada "guarnição de cidadãos", ao que parece, tem-se estranhos propósitos. Suas armas deverão ser guardadas em depósitos, e esses depósitos serão conhecidos de todos, ou seja, também dos espartaquistas! Uma ideia fantástica. Por outro lado, faz-se recrutamento para as forças armadas regulares (pois ao que parece é assim que agora se devem chamar os *Freikorps*) com um verdadeiro delírio febril. Eu às vezes tenho a impressão de que o alto comando militar pretende, nesse âmbito, tomar de Munique o máximo que puder, pelo tempo que puder, ou seja, enquanto o governo Hoffmann não voltar a mandar em Munique de forma autônoma e... impotente! O governo Hoffmann, que já teve de proibir o recrutamento aqui uma vez; um vexame que poderia se repetir, e nesse caso os cidadãos ficariam mais ou menos indefesos diante dos canos das armas que inquestionavelmente tornariam a cair nas mãos dos espartaquistas enlouquecidos pelo rancor. Pois, no fim das contas, por quanto tempo os *Freikorps* permanecerão concentrados na capital, quanto tempo permanecerão unidos, se Hoffmann voltar a governar numa Munique "pacificada"? Quem quiser pode rir de mim hoje. Tropas e mais tropas em Munique, e outras ainda continuam a chegar, com todo o aparato de combate, comboios de equipamentos se arrastam pela Ludwigstrasse, já vi até metralhadoras em carrinhos de bebê embandeirados. E postos e mais postos de recrutamento, todos florescentes. É verdade que aconteceu de notórios membros da Guarda Vermelha se apresentarem aos "brancos" e só depois serem descobertos. Ingressaram sem maldade no novo serviço. Do mesmo modo que outrora se passava das tropas suecas para as de Wallenstein. O epicentro de todos os recrutamentos, o elemento mais seguro para garantir tropas de elite é a universidade. Hoje ela celebrou seu dia de honra no mesmo *Auditorium Maximum* que viu tantas coisas incríveis naquelas semanas incríveis. Houve manifestações de gratidão ao valente pró-reitor Friedrich von Müller, que, sob constante risco de vida, preservou a honra da universidade, e sob cuja liderança todo o corpo docente se manteve firme (o que não se poderia afirmar a respeito da Escola Técnica Superior). Agradeceu-se aos estudantes que já haviam lutado pela libertação de Munique.

Mas sobretudo: recrutava-se, recrutava-se apaixonada, ardente e suplicantemente para o *Freikorps* de Epp, que se autointitula "Corpo de Fuzileiros da Baviera" e representará uma parte do Exército do Reich. Estava lá um jovem estudante, que algum tempo atrás eu vira, como civil, jurar fidelidade aos professores em nome de seus colegas e agora, numa simples jaqueta de artilheiro, exibir a Cruz de Ferro de Primeira Classe e a condecoração de prata por ferimento em serviço. Ele falava sobre o estado de ânimo no acampamento de Ohrdruf, sobre a marcha para Munique, sobre companhias e baterias inteiras formadas *exclusivamente* por oficiais, oficiais que prestavam serviço na tropa e saudavam como membros da tropa, que servem de exemplo e querem criar uma "reserva de líderes". Por trás de suas palavras havia mais do que a miséria de Munique, havia toda a calamidade alemã, e havia em tudo o que ele dizia um tom que me fazia por vezes temer que ele cometesse um lapso e, em vez de Epp, dissesse... Schill. Mas não se faziam apenas discursos entusiásticos, o que se ouvia eram principalmente informações das mais precisas sobre como o Conselho Universitário, em comum acordo com o próprio coronel Epp, possibilitara aos estudantes permanecer fiéis ao seu estudo e, apesar disso, servir a causa da pátria. O semestre de verão só começará em 16 de junho e será prolongado na mesma proporção até o outono. Os estudantes devem se comprometer com as tropas ativas por apenas um mês, e então passar para a reserva, que só será convocada em casos de necessidade (mas expressamente: não apenas em casos de necessidade de Munique, nem somente da Baviera!).

Não faltou um *intermezzo* cômico nessa assembleia tão terrivelmente séria. Ficamos sabendo como o Conselho Revolucionário das Universidades (o amigo Strasser e um *studiosus* Hausdorf igualmente maduro) encerrara suas atividades. De início os senhores haviam ameaçado com a prisão o renitente Conselho Universitário, que apesar de ter sido deposto continuava a trabalhar, e o haviam também obrigado, sob ameaça de usar a força das armas, a entregar as chaves do decanato. No dia 1º de maio, os heróis sumiram. Em compensação, uma mocinha assustada procurou um professor. Um dos tiranos tinha entregado as chaves a sua irmã, para que as devolvesse, ela a confiara a uma amiga, e a amiga, por sua vez, com medo, as atirara no rio Isar e agora confessava tudo...

Todos riram a valer, mas tudo não passou de um momento de hilaridade. Logo a seriedade exigiu seus direitos implacáveis. A diferença era que todos aqueles jovens, apesar de toda a seriedade que sentiam, não mais temiam nada nem por Munique nem pelos espartaquistas. Nesse ponto estão conscientes da vitória. Já eu mesmo não estou. Um homem, e não um Hoffmann, tem de nos guiar, e a burguesia tem de lhe dar um apoio viril – ou será que isso é impossível? Só assim as coisas em Munique podem melhorar. Caso contrário – eu sugiro aos alemães do norte que não venham passar suas férias em Munique e na Alta Baviera. Eles devem se recordar de uma frase do *ancien régime* frequentemente ridicularizada: "Eu previno os curiosos!"[24].

---

24 A expressão, que se tornou proverbial, foi retirada de um comentário do jurista da administração prussiana Traugott von Jagow (1865-1941), chefe da polícia de Berlim de 1909 a 1916, sobre o anúncio de uma manifestação da esquerda: "A rua se destina ao tráfego. Eu previno os curiosos".

Tragicomédia muniquense

[17 DE JANEIRO DE 1920]

Tempos mais robustos conheceram o trágico e o cômico, deixaram que seu coração fosse sacudido pelo sofrimento heroico e seu diafragma pela essência do farsesco. Que um destino possa ser duplamente trágico por desembocar no lamentável-ridículo só se tornou perceptível ao homem moderno, e a sensibilidade para o tragicômico é quase que uma das características principais das épocas mais recentes. Cientificamente esse conceito difícil do tragicômico ainda é muito controverso – e assim, sem dúvida, não faria mal incluir aqui alguns exemplos da vida real. A vida política da Baviera atualmente não me parece carecer mais deles do que sua biblioteca de manuscritos valiosos.

Está à venda aqui já há algum tempo uma singular coleção de livros. Ela é modesta, e também não se encontra em nenhum dos grandes livreiros antiquários, e sim desordenadamente empilhada e coberta de pó na pobre sala de um pequeno comerciante. Depois de uma rápida olhada, o profissional reconhece com o que está lidando: trata-se da biblioteca de um jornalista que tinha mais interesses do que dinheiro. Os livros mais caros são, em sua maioria, encadernados e estão marcados com o carimbo: "Exemplar para resenha"; pertencem às mais diversas áreas do conhecimento, à história, à política, à literatura, à arte, ao erotismo. As aquisições próprias são em sua maioria da área da filosofia, da literatura, da estética. Para a filosofia o proprietário despendeu eventualmente algum dinheiro. Eu o tomo por um articulista de grande cultura que vez por outra (mas muito raramente) se lança à política. Ou será que ele também tinha uma veia filológica? O interesse profissional me faz pegar um livro com o título: *Abrégé de la syntaxe française*, Lindauische Buchhandlung, Munique, 1912. Abro o volume – dentro dele há um panfleto antimilitarista e bolchevista de 1916, impresso em Zurique. Contrabandeado e, pelo menos naquela época, material de agitação assassina, passível da acusação de alta traição. Todos esses livros trazem um carimbo, alguns o nome escrito pela mão do próprio dono: Kurt Eisner. Reconhecer uma pessoa por sua biblioteca. A profissão de uma pessoa quase sempre se revela por sua biblioteca. Mas quem, neste caso, poderia adivinhar que se tratava da biblioteca de um governador da Baviera? É tragicomédia muniquense.

O homem cuja formação política se podia deduzir de sua biblioteca e cuja atuação produtiva para o bem da Baviera e da Alemanha também corresponde à sua formação política, é assassinado por um patriota enfurecido, e a morte de Eisner quase nos traz mais desgraças do que sua vida. De fevereiro a maio de 1919, sobretudo, Munique não consegue sair da tragicomédia: tudo é miserável e tudo é sangrento, é para rir e chorar ao mesmo tempo.

Então nos são dadas relações "ordenadas" (seja isso o que for) e podemos quase acreditar que temos um governo de fato. É verdade que ele estava em Bamberg desde que a situação aqui se tornou periclitante, mas, por fim, aos poucos, bem aos pouquinhos, ele criou coragem para voltar a Munique.

Só ontem, 16 de janeiro, depois de uma pausa de meses, a situação em Munique se tornou crítica outra vez. O processo de Arco, o assassino de Eisner, que agora parece a muitos igualmente um mártir. (Em maturidade política, aliás, o governador e seu assassino nada ficavam a dever um ao outro.) O tribunal representa o papel de Bruto. O ardente patriotismo, o exemplo para a juventude lhes são reconhecidos (pelo promotor!) e confirmados no veredito, mas este é uma sentença de morte. Muito bonito no palco ("Meu primo Friedrich quer fazer o papel de Bruto"[25] – aliás, Hohenzollern, não Ebert), mas e na vida? Que

25 Citação da peça *O príncipe de Homburg*, de Heinrich von Kleist (1777-1811), ato II, cena 10.

abundância de tragicomédia aqui, ainda mais se pensarmos que esse "tribunal do povo" sublinha o patriotismo e a honra de quem matou o fundador do Estado Livre da Baviera! Uma vez proferida a sentença de morte, a tragicomédia segue o seu curso. Os estudantes se manifestam. Arco, que certamente pode ser compreendido e lamentado do ponto de vista humano, se torna de súbito um herói. À noite eles descem a Ludwigstrasse em formação cerrada, algumas centenas de homens. Cantam *Wacht am Rhein*[26] – e esquecem que neste momento quem monta sentinela no Reno são os franceses, cantam *Deutschland über alles*[27] e não têm nenhum motivo melhor para isso do que um assassinato político. Passam diante do Ministério da Guerra, onde os guardas com capacete de aço e granadas de mão (frequentemente homens com uma pele branca dos Cárpatos) já se tornaram tradição antiga, não despertam mais nenhuma atenção, e os guardas, que deveriam se manter neutros diante dos manifestantes enquanto nenhuma defesa for necessária, balançam exultantes os braços e os capacetes.

Esse gesto de poucos, que devem ser eles próprios estudantes, quase não é notado. Mas no dia seguinte se revela que com ele se anunciava um clímax da tragicomédia muniquense. A partir das dez e meia, centenas de estudantes se apinhavam no *Auditorium Maximum*, ou talvez fossem milhares, pois mais uma vez, como nos dias tensos da primavera do ano passado, as janelas haviam sido retiradas e os corredores se comunicavam com o enorme recinto lotado. Um êxtase percorre a multidão, na qual os quepes verdes, vermelhos e azuis das corporações estudantis formam ilhas coloridas, não exatamente grandes. Não se fala nada, apenas se espera. Silencioso e impressionante.

---

26 *Die Wacht am Rhein* [A vigília no Reno] é uma canção patriótica com versos de Max Schneckenburger escritos em 1840 e musicados por Carl Wilhelm em 1854. Durante o período imperial, era uma espécie de hino nacional não oficial.

27 *Deutschland über alles* [Alemanha acima de tudo], de 1841, também conhecida como "Lied der Deutschen" [Canção dos alemães] ou "Deutschlandlied" [Canção da Alemanha], era inicialmente mais uma das muitas canções nacionalistas alemãs. Durante o período nazista, cantava-se especialmente a primeira estrofe, que começa com as palavras "Alemanha acima de tudo". Atualmente é o Hino Nacional alemão, mas apenas a terceira estrofe é cantada.

A cidade e o complexo de edifícios foram ocupados pelos militares, mas também lá fora reina a paz. De quando em quando aparece o reitor Müller ou Von Dyck, o reitor da Escola Técnica Superior – os estudantes da universidade se reúnem numa sala à parte –, e pedem com algumas breves palavras um pouco mais de paciência. O Conselho de Ministros está reunido, o resultado da reunião será imediatamente comunicado aqui. E, por fim, às dez e meia, o resultado. A pena do conde Arco foi comutada para prisão perpétua. Um clamor, quepes e braços atirados para o alto, um júbilo como raramente se viu na comemoração de qualquer vitória alemã. Mas então vem o mais bonito. Colegas, diz um representante estudantil, vamos agradecer ao Exército do Reich! O seu comando de grupo aqui já havia declarado sua solidariedade à nossa reivindicação de indulto para o conde Arco! Júbilo renovado, mais forte. E eles não se dão conta do que estão festejando ali. A tropa que dita ao governo como este deve se comportar, que só obedece sob condições.

E ainda se fossem apenas os jovens estudantes que não se dessem conta. Mas eu apostaria numa coisa: o nosso governo Hoffmann com certeza também não se dá conta, permanecerá no cargo como até agora e continuará como até agora a chamar a si mesmo de "governo". E o senhor Hoffmann tem, afinal, todo o direito de não se dar conta de nada: ele havia viajado, como faz sempre que em Munique as coisas não estão muito boas para ele. –

Eu gostaria de me permitir, depois de tudo isso, uma definição pessoal de tragicômico: é trágico para os participantes e cômico para o espectador desinteressado. Que pena não podermos ser meros espectadores ao mesmo tempo que somos alemães.

De nosso correspondente A. B.

Posfácio
A testemunha contumaz
MÁRIO LUIZ FRUNGILLO

A Eric Mitchell Sabinson, *in memoriam*

Quero dar meu testemunho até o fim... o título dado pelos editores aos diários de Victor Klemperer da época do nazismo poderia definir todo o conjunto da obra pela qual provavelmente ele continuará a ser conhecido no futuro[1]. Embora tenha produzido quantidade considerável de títulos em sua área de especialização – a romanística, sobretudo da literatura francesa –, estes permanecerão dentro dos domínios de seus pares e provavelmente sofrerão o destino das obras dessa natureza: envelhecer. É como cronista de sua época que sua recepção por um público mais amplo e sua permanência como escritor estão asseguradas. Trata-se de uma crônica invulgar, que abrange praticamente toda a vida do autor. A maior parte dela é composta dos diários que Klemperer começou a escrever desde os 17 anos, mas só foram publicados no final do século XX: *Colecionar vida, sem perguntar para quê e por quê* (que abrange toda a República de Weimar, de 1918 a 1932), o já citado *Quero dar meu testemunho até o fim* (de 1933 a junho de 1945)[2] e *E agora estou no meio do fogo cruzado* (de julho de 1945 a 1959). Uma de suas intenções ao começar a escrevê-los era futuramente utilizar o material para a composição de um romance sobre a

1 Victor Klemperer, *Ich will Zeugnis ablegen bis zum letzten. Tagebücher 1933--1945*. Organização de Walter Nowojski com a colaboração de Hadwig Klemperer. 8 vols. Berlim: Aufbau, 1999.
2 Edição brasileira: *Os diários de Victor Klemperer. Testemunho clandestino de um judeu na Alemanha nazista, 1933-1945*. Tradução de Irene Aron. São Paulo: Companhia das Letras, 1999.

própria família. O projeto não se realizou; embora tenha publicado alguns contos na juventude, Klemperer não estava destinado a uma carreira de ficcionista. Posteriormente, a ideia de escrever um romance foi substituída pela de uma autobiografia, *Curriculum vitae*, que abrange do ano de seu nascimento (1881) ao fim da Primeira Guerra Mundial (1918) e, embora tenha ficado inacabada, completa a crônica de sua vida e de sua época. Daqueles diários do tempo do nazismo derivou, ainda, seu livro mais conhecido, no qual as duas vertentes de sua obra, a memorialista e a filológica, vieram confluir: *LTI. Lingua Tertii Imperii. Aus dem Notizbuch eines Philologen*[3].

Nascido em 9 de outubro de 1881 em Landsberg an der Warthe, Victor era o nono filho do rabino Wilhelm Klemperer e de sua esposa, Henriette Klemperer. O pai desempenhou suas funções sucessivamente em Landsberg, Bromberg e Berlim. A carreira de Victor Klemperer não seguiu uma linha reta. De início, procurando escapar à influência dos irmãos mais velhos, pensou em dedicar-se ao comércio, mas abandonou o aprendizado na importadora Löwenstein & Hecht, de Berlim, para cursar a universidade. Estudou filosofia, germanística e romanística em Munique, Genebra, Paris e Berlim. Em 1906, casou-se com Eva Schlemmer. Mulher de múltiplos talentos, Eva era pianista, organista, compositora, pintora e tradutora literária. Até 1912 o casal viveu em Berlim, onde Victor trabalhava como jornalista e escritor. Em 1912, Klemperer retornou à universidade para escrever seu doutorado sobre os romances de Friedrich Spielhagen, escritor alemão hoje esquecido. Seguiu-se a habilitação, necessária para quem pretendia iniciar a carreira como docente, com um trabalho sobre Montesquieu, sob a orientação de Karl Vossler (1872-1949), um dos mais importantes romanistas de sua época. Nos anos de 1914-1915, foi leitor na Universidade de Nápoles.

Como tantos outros em sua época, Klemperer era um judeu que se considerava pertencente à burguesia alemã, impulso assimilacionista que o levou a adotar de fato o protestantismo (religião de sua esposa) em 1912, batizando-se pela segunda vez,

---

3 Edição brasileira: *LTI. A linguagem do Terceiro Reich*. Tradução, apresentação e notas de Miriam Bettina Paulina Oelsner. Rio de Janeiro: Contraponto, 2009.

depois de tê-lo feito anos antes, forçado pela família, para poder ingressar no serviço militar e se alistar como voluntário para lutar na Primeira Guerra Mundial em 1915, tendo servido inicialmente na frente ocidental e, posteriormente, no Departamento de Censura de Livros do Governo Militar da Lituânia em Kovno e Leipzig. Entre 1919 e 1920 lecionou na Universidade de Munique, ao mesmo tempo que exercia a atividade jornalística como correspondente do jornal *Neueste Leipziger Nachrichten*, enviando reportagens sobre a revolução e a República dos Conselhos da Baviera. Embora acompanhasse o desenrolar dos acontecimentos de um ponto de vista antes conservador, sua capacidade de observação não deixa dúvidas sobre a dimensão trágica daquele momento. Sem ter em alta conta a argúcia política de figuras como Kurt Eisner e Gustav Landauer, seu olhar compassivo não lhes nega a simpatia humana que o destino de ambos e de vários outros lhe impõe. Em 1920, por indicação de Karl Vossler, foi chamado a ocupar uma cátedra de romanística na Escola Técnica Superior de Dresden.

Embora tenha de início desempenhado com entusiasmo suas funções de docente, Klemperer pouco a pouco foi se desencantando com o trabalho na Escola Técnica Superior, na qual a romanística era apenas uma disciplina secundária para os estudantes de engenharia, e dedicou-se intensamente à publicação de trabalhos que lhe valessem o chamado a uma universidade. Contudo, segundo o editor de seus diários, Walter Nowojski, diversos fatores colaboraram para frustrar suas expectativas. Em primeiro lugar, o antissemitismo. Klemperer chegou a anotar em seu diário que havia dois tipos de universidade: as reacionárias e as liberais. As reacionárias não admitiam judeus em seus quadros, as progressistas já tinham dois judeus e não queriam um terceiro.[4] Além disso, sua área de especialização, a literatura francesa, também servia de empecilho, pois a França era então o inimigo jurado dos alemães.[5] Também seu

4 Anotação de 26 de novembro de 1926, citada por Walter Nowjski, *Nachwort* [Posfácio], in: Victor Klemperer, *Leben sammeln, nicht fragen wozu und warum. Tagebücher 1925-1932*. Berlim: Aufbau, 1996, vol. 2, pp. 777-778.
5 Idem, p. 778.

método histórico-literário se chocava com as tendências estéticas da época (especula-se, inclusive, se Vossler, por discordar desse método, não teria tido ressalvas em recomendá-lo para um posto mais de acordo com suas ambições).

Com a ascensão do nazismo, a vida do casal Klemperer entraria em seu período mais difícil. De início, mesmo reconhecendo o risco de viver sob o novo regime, os Klemperer não quiseram emigrar, e ainda em 1934 decidiram construir uma casa no bairro de Dölzschen, em Dresden. Mas já em 1935 Victor foi afastado de suas funções na Escola Técnica Superior de Dresden e compulsoriamente aposentado. Continuou, contudo, a trabalhar em sua *História da literatura francesa no século XVIII*, em dois volumes, que só seria concluída e publicada em 1954 e 1960, pois o trabalho teve de ser interrompido quando os judeus foram proibidos de frequentar bibliotecas e assinar jornais e revistas. Em 1940, o casal foi obrigado a deixar sua casa em Dölzschen e a se mudar para uma *Judenhaus* em Dresden. Este era o nome dado pelos nazistas a casas antes pertencentes a famílias judias nas quais se aglomeravam compulsoriamente pessoas de origem judaica (posteriormente, para evitar o uso do termo "nazista", passou-se a utilizar por vezes o termo "casa-gueto"). Além de ser mais facilmente controláveis que um gueto, com essa medida se liberavam outras casas pertencentes a cidadãos judeus, como a do casal Klemperer em Dölzschen, para serem ocupadas por "arianos". Victor teve também de passar a usar a infame estrela amarela que o identificava como judeu. A partir de 1942, foi submetido a trabalhos forçados nas firmas Willy Schlüter (fabricação de chás), Adolf Bauer (fábrica de papelão) e Thiemig & Möbius (processamento de papel), que o levaram à exaustão física e dos quais só foi liberado em 1944, quando acometido de uma angina[6].

Desde o momento em que se tornou impossível prosseguir com o trabalho em sua *História da literatura francesa*, Klemperer passou a se dedicar à sua autobiografia, *Curriculum vitae*, cujo primeiro volume conclui em 1940, ainda na casa em

---

6 Denise Rüttinger, *Schreiben ein Leben Lang. Die Tagebücher des Victor Klemperer*. Bielefeld: Transcript, 2011, pp. 39-40.

Dölzschen. O trabalho no segundo volume, já na *Judenhaus*, foi abandonado depois que lhe confiscaram a máquina de escrever. Tanto mais intensamente passou a se dedicar então aos seus diários que escrevia obsessivamente numa letra quase indecifrável, o que o fez duvidar de que algum dia pudessem ser lidos. Ainda assim, sem dúvida consciente de estar produzindo um documento de valor inestimável, determinou que em melhores circunstâncias futuras, caso lhe acontecesse alguma coisa, os papéis fossem depositados na Biblioteca Estadual de Dresden, a cujo acervo, depois de muitas vicissitudes, hoje de fato pertencem. Antes de tudo, porém, era preciso cuidar de sua preservação e evitar que fossem apreendidos em uma das muitas revistas domiciliares a que o casal estava sujeito e então destruídos. Se chegaram até nós, isso se deve à coragem de duas mulheres: sua esposa, Eva, de tempos em tempos levava os papéis para Pirna, onde uma amiga do casal, a médica Annemarie Köhler, os guardava em sua clínica particular, correndo ela própria grandes riscos caso chegassem a ser descobertos.

Sobre a escrita nessas circunstâncias, Klemperer anotou: "E ainda agora esse desejo [de acrescentar mais um título ao meu catálogo] me prende à escrivaninha, me faz martelar pacientemente o manuscrito ilegível na máquina de escrever, caçar cada falha estilística, cada sinal de pontuação esquecido, com o mesmo afinco com que revirava minhas roupas nas trincheiras belgas à cata de piolhos: para que então, algum dia depois da minha morte, no Quarto ou Quinto Reich, se encontrem um editor e um par de leitores para o meu *Curriculum*"[7]. Aqui talvez o leitor se lembre do narrador do romance *Doutor Fausto*, de Thomas Mann, o professor católico Serenus Zeitblom, que escreve entre sobressaltos a biografia de seu amigo Adrian Leverkühn, sem saber se um dia o livro poderá ser lido. Na obra, aliás, Thomas Mann fez com que uma das composições de Leverkühn fosse regida em sua estreia por um primo

---

7   Victor Klemperer, *Curriculum vitae. Erinnerungen 1881-1918*, vol. 1. Berlim: Aufbau, 1996, p. 381. Citado com cortes em: Günter Jäckel, *Nachwort* [Posfácio], in: Victor Klemperer, *Und so ist alles schwankend. Tagebücher Juni bis Dezember 1945*. Berlim: Aufbau, 1996, p. 246.

de Victor, o maestro Otto Klemperer, que se exilara nos Estados Unidos. Fora dos domínios da ficção, o escritor Ernst Wiechert, muito lido em sua época e hoje quase de todo esquecido, publicou em 1945 e 1946 dois romances que escrevera durante os anos da guerra e enterrara no jardim de sua casa em Wolfratshausen para evitar que fossem confiscados e destruídos.

Embora de início o casamento com uma "ariana" tivesse preservado Victor Klemperer da deportação e da morte em um campo de concentração, essa situação mudaria em 1942 e certamente ele não teria sobrevivido.[8] O que o salvou foi, paradoxalmente, o bombardeio inglês que destruiu a cidade de Dresden em 13 de fevereiro de 1945. Eva então arrancou a estrela amarela das roupas de Victor e o casal aproveitou o caos para fugir da cidade. Percorrendo na maior parte do tempo a pé o caminho até a Baviera, conseguiram se instalar no vilarejo de Unterbernbach, onde permaneceram por um mês. Depois disso, retornaram a Dresden. Na fuga, infelizmente, perderam-se as composições e pinturas de Eva Klemperer.

Os anos que se seguiram ao fim do nazismo foram de atividade intensa para Klemperer. Já em 1945 ele foi reconduzido ao seu cargo na Escola Técnica Superior de Dresden. O casal Klemperer também recuperou a propriedade da casa em Dölzschen. Seguiu-se o tão esperado chamado para lecionar numa universidade, primeiro em Greifswald, depois em Halle e Berlim. Ainda em 1945, Eva e Victor renegaram o protestantismo. Abandonando a posição apartidária que marcara seus anos antes da guerra, o casal se filiou ao Partido Comunista da Alemanha. Victor ingressou ainda na Liga Cultural da Saxônia, pela qual foi eleito deputado. Durante muito tempo, confrontando-se com a restauração conservadora na República Federal da Alemanha, Victor Klemperer se referirá à permanência na República Democrática da Alemanha como "o mal menor". Seus últimos anos, contudo, foram vividos na ambiguidade entre seu engajamento na vida social e política do país e a consciência do crescente autoritarismo do regime comunista, no qual não deixou de descobrir paralelos com

8   Denise Rüttinger, op. cit., p. 40.

o nazismo, incluindo aí sua percepção da transformação da linguagem para fins propagandísticos.

Em 1950, Eva Klemperer, cuja saúde sempre fora motivo de preocupação para Victor, morreu em virtude de um infarto. No ano seguinte, ele se casa com uma ex-aluna, Hadwig Kirchner. Com a saúde debilitada, Klemperer morreu aos 78 anos, em 1960.

De 1881 a 1959, a autobiografia e os diários de Klemperer dão seu testemunho da vida na Alemanha ao longo de quase um século e de diversas ruínas: a da Alemanha Imperial depois da derrota em 1918, a da revolução alemã, derrotada em 1919, a da República de Weimar com a ascensão do nazismo em 1933, a do Terceiro Reich com a derrota e a divisão do país em 1945. Tomando como definição a expressão "colecionar vida", utilizada pelo próprio Klemperer, o editor Walter Nowojski resume o método de observação adotado nos diários como "a observação precisa da vida social burguesa e da unidade forçada da culta burguesia judaica, o esquadrinhamento cirúrgico das confusas intrigas universitárias, a tentativa desesperada de encontrar um rumo em meio ao caos político entre levantes revolucionários, disputas restauradoras pelo poder, entre a 'vergonha' de Versalhes, o terror ideológico, o assassinato de Rathenau, a inflação e a opressiva crise econômica, o exame sismográfico da terrível catástrofe que se anunciava no horizonte".[9]

Os erros e acertos, os momentos de lucidez e de perplexidade, os julgamentos justos e injustos de Victor Klemperer revelam ao leitor de seus diários a luta desesperada de um ser humano decente pela sobrevivência num dos momentos mais sombrios da humanidade. São um documento alentador, de valor permanente.

---

9 Walter Nowjski, *Nachwort* [Posfácio], in: Victor Klemperer, *Leben sammeln, nicht fragen wozu und warum. Tagebücher 1925-1932*. Berlim: Aufbau, 1996, vol. 2, p. 779.

Cronologia de Victor Klemperer

1881
Victor Klemperer nasce em 9 de outubro como o nono filho do rabino dr. Wilhelm Klemperer e de sua esposa, Henriette (Frankel, quando solteira), em Landsberg an der Warthe (hoje Gorzów Wielkopolski, Polônia).

1891
A família se transfere para Berlim (Albrechtstrasse, nº 20). O pai se torna o segundo pregador da Congregação Reformada de Berlim.

1893
Frequenta o Ginásio Francês de Berlim.

1896
Transfere-se para o Ginásio Friedrichs-Werdersches. A família se muda para a Winterfeldstrasse, nº 26[1].

1897
Aprendizado comercial na Löwenstein & Hecht, firma exportadora de acessórios de moda e aviamentos de costura, na Alexandrinenstrasse, nº 2. A família se muda para a Gossowstrasse, na Nollendorfplatz.

1900-1902
Retoma os estudos no Ginásio Real em Landsberg an der Warthe. Passa no exame de conclusão do ensino médio (*Abitur*).

1902-1905
Estudos de germanística e romanística sob a orientação de Franz Muncker, Erich Schmidt, Richard M. Meyer e Adolf Tobler em Munique, Genebra, Paris e Berlim. Prepara sua dissertação sob orientação de Tobler.

1903
Conversão ao protestantismo sob pressão da família. É batizado, a fim de poder servir como soldado ou oficial da reserva.

1905
Período de estudos em Roma.

1905-1912
Interrompe os estudos e vive em Berlim como escritor e jornalista independente.

1906
Casamento com a pianista Eva Schlemmer. Residência na Dennewitzstrasse, residência de verão em Oranienburg. Mudança para Berlim-Wilmersdorf, nos arredores de Berlim. Publica *Glück. Eine Erzählung* [Felicidade. Um conto], *Schwesterchen. Ein Bilderbuch* [Irmãzinha. Um livro ilustrado] e *Talmud-Sprüche. Eine Kulturskizze* [Provérbios talmúdicos. Um esboço cultural].

1907
Escreve dois estudos: *Paul Heyse* (monografia) e *Adolph Wilbrandt. Eine studie über seine Werke* [Adolph Wilbrandt. Um estudo de suas obras].

1909
Publica *Paul Lindau* (monografia). Mudança para Oranienburg.

1910
Lançamento de *Aus härteren und weicheren Tagen. Geschichten und Phantasien* [De dias mais duros e mais suaves. Histórias e fantasias], *Berliner Gelehrtenköpfe* [Eruditos berlinenses], *Deutsche Zeitdichtung von den Freiheitskriegen bis zur*

Reichsgründung [Poesia de época alemã das guerras de libertação até a fundação do Reich].

1911
Mudança para Berlim-Wilmersdorf (Holsteinische Strasse).

1912
Novo batismo. Mudança para Munique (Römerstrasse). Retomada dos estudos.

1913
Doutorado sob a orientação de Franz Muncker e Hermann Paul: *Die Zeitromane Friedrich Spielhagens und ihre Wurzeln* [Os romances de época de Friedrich Spielhagen e suas raízes]. Segunda estada na França: estudos sobre Montesquieu em Paris e Bordeaux para sua tese de habilitação (o mais alto grau acadêmico).

1914
Habilitação em romanística sobre Montesquieu sob a orientação de Karl Vossler.

1914-1915
Leitor na Universidade de Nápoles. Lança *Montesquieu*, em dois volumes.

1915
Juramento como *Privatdozent* na Universidade de Munique. Em novembro, alista-se como voluntário de guerra. Até março de 1916, serve na frente ocidental, em Flandres.

1916
Internação no hospital em Paderborn. Condecorado com a Medalha Real Bávara do Mérito Militar de Terceira Classe com Espadas.

1916-1918
Torna-se censor no Departamento de Censura de Livros do Governo Militar da Lituânia em Kovno (hoje Caunas) e Leipzig.

1918
Retorno, em novembro, a Leipzig (Reichelstrasse, n° 16).

1919
Mudança para Munique, pensão Michel (Bayerstrasse, n° 57), depois muda-se para a pensão Berg (Schellingstrasse, n° 1[I]). Assume como professor extraordinário na Universidade de Munique.

1919-1920
Sob o pseudônimo A. B. Mitarbeiter (Correspondente "Antibavaricus"), torna-se correspondente em Munique do *Leipziger Neueste Nachrichten*.

1920
Mudança para Dresden, pensão Blancke (Bendemannstrasse, n° 3).

1920-1935
Assume a cátedra de romanística na Escola Técnica Superior de Dresden.

1920
Mudança para a Holbeinstrasse, n° 131[III].

1921
Publica: *Einführung in das Mittelfranzösische. Texte und Erläuterungen für die Zeit vom 13. bis zum 17. Jahrhundert* [Introdução ao francês medieval. Textos e comentários para o período compreendido entre os séculos XIII e XVII] e *Idealistische Neuphilologie. Festschrift für Karl Vossler zum 6. September 1922* [Moderna filologia idealista. Coletânea de textos em homenagem a Karl Vossler pelo seu cinquentenário em 6 de setembro de 1922], organizado por Victor Klemperer e Eugen Lerch.

1923
Lança *Die Moderne französische Prosa 1870-1920. Studie und erläuterte Texte* [A prosa moderna da França 1870-1920. Estudo e textos comentados].

1924
Publica o manual de teoria literária *Die romanischen Literaturen von der Renaissance bis zur Französischen Revolution* [As literaturas românicas da Renascença à Revolução Francesa].

1925
Lança um livro com três conferências, *Die moderne französische Literatur und die deutsche Schule* [A literatura francesa moderna e a escola alemã], e organiza, com Eugen Lerch, o anuário de filologia *Idealistische Philologie* [Filologia idealista], que terá três séries: em 1925, 1927 e 1927-1928.

1925-1931
Nesse período lança os cinco volumes de *Geschichte der französischen Literatur* [História da literatura francesa], que seriam reunidos em um volume em 1956 sob o título *Geschichte der französischen Literatur im 19. und 20. Jahrhundert* [História da literatura francesa nos séculos XIX e XX].

1926
Publica *Romanische Sonderart. Geistesgeschichtliche Studien* [Especificidade românica. Estudos de história intelectual] e *Stücke und Studien zur modernen französischen Prosa* [Excertos e estudos sobre a prosa francesa moderna]. Faz uma viagem de estudos à Espanha (de 13 de março a 4 de junho).

1928
Mudança para a Hohe Strasse, nº 8[1]. Na *Reallexikon der deutschen Literaturgeschichte* [Enciclopédia de história literária alemã], escreve sobre literaturas românicas (vol. 3, organizado por Paul Merker e Wolfgang Stammler).

1929
Lançamento de *Idealistische Literaturgeschichte* [História literária idealista] e *Die moderne französische Lyrik von 1870 bis zur Gegenwart* [A lírica francesa moderna de 1870 aos dias de hoje].

1933
Lança *Pierre Corneille.*

1934
Mudança para a casa em Dölzschen (Am Kirschberg, nº 19).

1935
Aposentado compulsoriamente da universidade, com base na lei da "restauração do funcionalismo", que privava o acesso de não arianos a cargos públicos.

1940
Victor e Eva são expulsos de sua casa em Dölzschen e obrigados a morar numa *Judenhaus* (Caspar-David-Friedrich--Strasse, nº 15b).

1942
Mudança imposta para a *Judenhaus* Dresden-Blasewitz, Lothringer Weg, nº 2.

1943
Trabalho forçado para as firmas Willy Schlüter, Wormser Strasse, nº 30c; Adolf Bauer, fábrica de papelão, Neue Gasse; e Thiemig & Möbius, processamento de papel, Jagdweg, nº 10. Nova mudança imposta para a *Judenhaus* Zeughausstrasse 1ᴵᴵᴵ.

1945
Em fevereiro, depois do bombardeio aéreo de Dresden, Eva e Victor fogem para Piskowitz. De 4 a 6 de março, fuga para Falkenstein, na região de Vogtland, através de Pirna. Em 3 de abril, continuam a fuga por Schweitenkirchen (6 de abril) e Munique (8 de abril) até Unterbernbach (12 de abril). Em 17 de maio, retornam a Dresden (10 de junho) através de Munique (22 de maio), Regensburg (30 de maio), Falkenstein (5 de junho). Em 19 de agosto, renega a Igreja Protestante.

Em 1º de novembro é reconduzido ao cargo de professor titular na Escola Técnica Superior de Dresden (até 1947). Em 23 de novembro, filia-se ao Partido Comunista da Alemanha. Em 1º de dezembro, torna-se diretor da Escola Superior Popular de Dresden.

1946
Membro da direção da Liga Cultural da Saxônia.

1947
Lança *LTI: A linguagem do Terceiro Reich*.

1947-1960
Membro do Conselho Presidencial da Liga Cultural para a Renovação Democrática da Alemanha.

1947-1948
Professor catedrático na Universidade de Greifswald. Residência: Pommerndamm, nº 8.

1948
Publica *Kultur. Erwägungen nach dem Zusammenbruch des Nazismus* [Cultura: considerações após a derrocada do nazismo] e lança a terceira edição revista de *Die moderne französische Prosa* [Prosa moderna da França].

1948-1960
Professor catedrático na Universidade de Halle. Residência: Kiefernweg, nº 10 (até 1950).

1948-1950
Presidente da Administração Regional da Liga Cultural da Saxônia-Anhalt. Membro do Comitê Central da Associação para a Amizade Alemã-Soviética.

1950
Retorno a Dölzschen (Am Kirschberg, nº 19). Delegado da Câmara do Povo do grupo parlamentar da Associação Cultural para a Renovação Democrática da Alemanha.

1951
Eva Klemperer morre em 8 de julho. Recebe o título de doutor *honoris causa* em pedagogia pela Escola Técnica Superior de Dresden.

1951-1953
Membro do Comitê Central da Associação dos Perseguidos pelo Regime Nazista.

1951-1955
Professor catedrático na Universidade Humboldt de Berlim.

1952
Casamento com Hadwig Kirchner (1926-2010). Recebe o Prêmio Nacional da República Democrática Alemã, Terceira Classe.

1953
Membro do Comitê de Combatentes da Resistência Antifascista e da Academia Alemã de Ciências em Berlim. Edita as conferências *Zur gegenwärtigen Sprachsituation in Deutschland* [Sobre a situação linguística atual na Alemanha] e *Der alte und der neue Humanismus* [O antigo e o novo humanismo].

1954
Dá continuidade à sua história da literatura francesa, lançando o primeiro volume dedicado ao século XVIII: *Das Jahrhundert Voltaires* [O século de Voltaire].

1956
Viagem à Itália (Congresso Internacional de Romanistas em Florença, de 3 a 8 de abril), estada de estudos em Paris (de 17 de abril a 17 de julho). Lança o volume de ensaios *Vor 33/nach 45* [Antes de 33/depois de 45]. É condecorado com a Ordem do Mérito Patriótico (prata).

1957
Publica *Moderne französische Lyrik (Dekadenz – Symbolismus – Neuromantik). Studien und kommentierte Texte. Neuausgabe mit*

einem Anhang: Vom Surrealismus zur Résistance [Lírica francesa moderna (Decadentismo – Simbolismo – Neorromantismo). Estudos e textos comentados. Nova edição com um apêndice: Do Surrealismo à Resistência]. Viagem a Paris (Encontro Europeu sobre a Questão Alemã, de 14 a 20 de dezembro).

1959
Adoece gravemente em Bruxelas (28 de março) durante viagem ao Congresso Internacional de Romanistas em Lisboa.

1960
Victor Klemperer morre em 11 de fevereiro em Dresden. Recebe o prêmio F.-C.-Weiskopf da Academia de Artes de Berlim.

1966
Publicação de *Geschichte der französischen Literatur im 18. Jahrhundert. Band 2: Das Jahrhundert Rousseaus* [História da literatura francesa do século XVIII. Volume 2: O século de Rousseau].

1989
Sai a primeira parte de sua autobiografia: *Curriculum vitae. Erinnerungen eines Philologen 1881-1918* [Curriculum vitae. Memórias de um filólogo 1881-1918].

1995-1999
Início da publicação dos diários que escreveu durante o período nazista: *Leben sammeln, nicht fragen wozu und warum. Tagebücher 1918-1932* [Colecionar vida, sem perguntar para quê e por quê. Diários 1918-1932]; *Ich will Zeugnis ablegen bis zum letzten. Tagebücher 1933-1945* [Quero dar meu testemunho até o fim. Diários 1933-1945]; *Und so ist alles schwankend. Tagebücher Juni bis Dezember 1945* [E assim tudo balança. Diários de junho a dezembro de 1945]; *So sitze ich denn zwischen allen Stühlen. Tagebücher 1945-1959* [E agora estou no meio do fogo cruzado. Diários 1945-1959]. Uma seleção desses diários foi publicada no Brasil em *Os diários de Victor Klemperer. Testemunho clandestino de um judeu na Alemanha nazista, 1933-1945*. Tradução de Irene Aron. São Paulo: Companhia das Letras, 1999.

Glossário

Siglas e termos relacionados a grupos e
partidos políticos citados ao longo do livro.

BVP
Partido Popular da Baviera.

Coalizão de Weimar
Aliança entre o Partido Social-Democrata Majoritário (MSPD),
o Partido do Centro Alemão (DZP), católico, e o Partido Democrático Alemão (DDP) que conquistou 330 das 423 cadeiras da
Assembleia Nacional Constituinte de 1919. Formou o governo
do Reich em 1919-1920 e 1921 e o governo da Prússia em 1919-
-1921 e 1925-1932.

Comitê de Onze Membros
Em 21 de fevereiro de 1919, representantes do SPD, do USPD e
do KPD, assim como dos órgãos executivos dos conselhos de
trabalhadores, camponeses e soldados e do Conselho Revolucionário dos Trabalhadores, formaram um Conselho Central
da República da Baviera; esse assim chamado "Comitê de Onze
Membros" atuou até 7 de abril de 1919 como um grupo de governo provisório.

Conselho de Trabalhadores e Soldados
Agrupamentos formados no final de 1918 por trabalhadores e
soldados revolucionários, em âmbito local, regional e nacional,
que tomaram o lugar do antigo governo como instância de poder.

DDP
Partido Democrático Alemão. Fundado em 20 de novembro
de 1918; originou-se do Partido Popular Progressista e parte

do Partido Nacional-Liberal; as ideias de Friedrich Neumann sobre um liberalismo socialmente comprometido marcaram o programa partidário. Nas eleições da Assembleia Nacional de 19 de janeiro de 1919, o DDP, com 18,5% dos votos e 75 cadeiras conquistadas, se tornou a terceira força no Parlamento, atrás do SPD e do DZP.

DVP
Partido Popular Alemão.

DZP
Partido do Centro Alemão.

Freikorps
Grupos paramilitares nacionalistas formados por ex-oficiais e soldados que haviam lutado na Primeira Guerra Mundial, além de voluntários, usados pelo governo constituído para combater os movimentos radicais de esquerda. Tiveram papel fundamental na sangrenta aniquilação da República dos Conselhos da Baviera. Depois de sua dissolução, grande parte de seus integrantes se incorporaria a outras organizações paramilitares, algumas de caráter pré-nazista, responsáveis por diversos assassinatos políticos que abalaram a República de Weimar.

Independentes
Membros do Partido Social-Democrata Independente da Alemanha (USPD).

KPD
Partido Comunista da Alemanha.

Leiber
Nome familiar dado aos membros do Regimento de Infantaria da Guarda Real Bávara.

Liga Espartaquista
Movimento revolucionário de orientação marxista atuante durante a Primeira Guerra Mundial e a revolução alemã. Entre

seus principais fundadores estão Rosa Luxemburgo e Karl Liebknecht. Surgiu inicialmente como uma ala esquerda do Partido Social-Democrata (SPD) e mais tarde ligou-se aos independentes do partido. Refundou-se durante a revolução de novembro de 1918 com o nome de Liga Espartaquista, que fazia referência a Espártaco, líder de uma revolta de escravos na Roma imperial. A partir de 1919, incorporou-se ao recém-fundado Partido Comunista da Alemanha. Foi brutalmente combatida pelo governo social-democrata, e seus principais líderes, chamados de espartaquistas, foram assassinados por um grupo de paramilitares dos *Freikorps*.

MSPD
Partido Social-Democrata Majoritário da Alemanha.

SPD
Partido Social-Democrata da Alemanha.

USPD
Partido Social-Democrata Independente da Alemanha, que se separou do Partido Social-Democrata (SPD) em oposição à "política de paz civil" da direção do partido e, a partir de 1919, defendeu o sistema de conselhos; sua ala à direita se uniu novamente ao SPD em 1922, depois que a esquerda do partido se uniu ao KPD (Partido Comunista da Alemanha) em 1921.

Índice onomástico

ARCO AUF VALLEY, conde Anton Graf (1897-1945), tenente da reserva. Autor do atentado mortal contra Kurt Eisner em 21 de fevereiro de 1919. [14, 15, 18, 82, 83, 86, 182-184]

ASCHENBRENNER, Emil, um dos comandantes da Força de Proteção Republicana aquartelada na Estação Central, leal ao governo Hoffmann instalado em Bamberg. Em 13 de abril de 1919, sob sua liderança, houve o assim chamado "*putsch* do Domingo de Ramos" contra a República dos Conselhos, durante o qual alguns membros do Conselho Central, entre eles Erich Mühsam, foram presos. [145]

AUER, Erhard (1874-1945), político social-democrata. Foi membro da Assembleia Legislativa bávara de 1907 a 1933 e, no governo de Kurt Eisner, a partir de 1918, ministro do Interior da Baviera. Foi gravemente ferido em um atentado por Alois Lindner, membro do USPD, em 21 de fevereiro de 1919, imediatamente após o assassinato de Eisner; ele renunciou ao cargo de ministro do Interior, mas manteve até 1933 a liderança da social-democracia bávara. [123, 125, 128, 129, 169]

BADEN, Max von (1867-1929), príncipe, chanceler do Reich logo após a derrota na Primeira Guerra Mundial, entre outubro e novembro de 1918. [7]

BAEUMKER, Clemens (1853-1924), filósofo. Foi professor em Breslau, depois em Bonn e Estrasburgo; desde 1912 em Munique. [48, 49, 91, 108, 120]

BARBUSSE, Henri (1873-1935), romancista, poeta e jornalista francês; ficou famoso com a publicação de seu romance pacifista *O fogo* (1916). [59]

BAUER, Gustav (1870-1944), político social-democrata, foi chanceler da República de Weimar entre 1919 e 1920. [19]

BECKER, Philipp August (1862-1947), romanista. Foi professor em Budapeste, Viena e Leipzig. Em 1930, se aposentou e transferiu-se para Freiburg im Breisgau como professor honorário. [33, 34, 51, 62]

BERNEKER, Erich (1874-1937), eslavista. Foi professor titular em Breslau (1909) e em Munique (1911), na recém-fundada cátedra de filologia eslava. [47]

BEYERLEIN, Franz Adam (1817-1949), escritor; autor de romances e dramas com uma visão crítica do militarismo. Em julho de 1918, sucedeu Klemperer na seção de Leipzig do Departamento de Censura de Livros de Ober Ost. [36]

BORCHERDT, Hans Heinrich (1887-1964), germanista. *Privatdozent* em 1915 e professor titular em Munique desde 1920. Mais tarde, diretor do Instituto de História do Teatro Solln, próximo a Munique. [49]

CORNEILLE, Pierre (1606-1684), dramaturgo francês cuja obra foi estudada por Klemperer. [71]

CRUSIUS, Otto (1857-1918), filólogo especializado em línguas antigas; desde 1903 professor titular em Munique. [49]

DANTON, Georges (1759-1794), advogado e político francês, líder da Revolução Francesa. [151]

DÖDERLEIN, Albert (1860-1941), ginecologista. Foi professor em Tübingen; de 1907 até sua aposentadoria em 1934, ocupou a cátedra de Friedrich von Winckel em Munique. Não está entre os reféns assassinados citados por Klemperer. [165]

DOEHRING, Ella (?-1920), professora do curso secundário, conhecida de Victor Klemperer desde sua segunda temporada de estudos em Genebra em 1904. [62]

DYCK, Walther von (1856-1934), matemático. Desde 1884, professor da Escola Politécnica de Munique, que posteriormente se chamaria Escola Técnica Superior de Munique, da qual foi reitor em 1919-1920; teve papel proeminente na construção do Museu Alemão de Munique. [184]

EBERT, Friedrich (1871-1925), político social-democrata; foi presidente do SPD de 1913 a 1915 (com Hugo Haase); entre 1916 e 1918, foi presidente da bancada social-democrata no Parlamento (com Philipp Scheidemann); durante a Primeira Guerra Mundial, defendeu a política de Burgfrieden ("paz civil", que propunha uma trégua entre os partidos políticos internamente para apoiar o esforço de guerra) e um acordo de paz negociado; assumiu em 10 de novembro de 1918, com Hugo Haase, a presidência do Conselho dos Comissários do Povo e combateu, com apoio do Exército, todas as tentativas de estabelecimento de um sistema de conselhos na Alemanha; de 1919 até sua morte, foi presidente do Reich. [7, 8, 11, 57, 65, 115, 182]

EGELHOFER, Rudolf (1896-1919), participante da rebelião dos marinheiros de Kiel; depois da derrota do *putsch* do Domingo de Ramos, comandante da cidade de Munique e comandante em chefe do Exército Vermelho; assassinado a tiros por membros do *Freikorps* que entrava em Munique. [15, 146, 165n]

EISNER, Kurt (1867-1919): jornalista, escritor e político alemão, redator do jornal social-democrata *Vorwärts* [Avante]. Em 1917, filou-se ao USPD. Foi um dos líderes da derrubada da monarquia na Baviera. Presidente do Conselho de Trabalhadores e Soldados, tornou-se governador da Baviera em 8 de novembro de 1918. Defendia uma "Realpolitik do Idealismo" e tentou combinar o sistema de conselhos com o parlamentarismo. As acusações de que Eisner seria originário da Galícia (Polônia) aludem aos ataques antissemitas movidos contra ele por jornais burgueses de orientação direitista. Foi casado por treze anos com Elisabeth (solteira, Hendrich), com quem teve dois filhos e três filhas e de quem se separou em 1905. A partir de 1910, passou a viver com Else Eisner (solteira, Belli, 1883-1940), redatora. Casaram-se em 1917 e tiveram duas filhas. Else Eisner emigrou em 1933 para a França; em 1940, diante do avanço das tropas alemãs, suicidou-se. [13--18, 21, 23, 26, 40, 52, 55-61, 67, 80-83, 86, 88, 89, 92, 93, 110, 113-116, 118, 123-126, 129, 138, 157, 182, 187]

EPP, Franz Ritter von (1868-1946): na Primeira Guerra Mundial, comandante de regimento, depois líder de um *Freikorps*;

desligou-se do Exército em 1923 como tenente-general e tornou-se membro do alto comando da SA (*Sturmabteilung*, a "tropa de assalto" nazista); em 1928, foi eleito membro do Parlamento pelo NSDAP e desempenhou um papel de liderança na Baviera quando da tomada do poder pelos nazistas: em 9 de março de 1933, foi nomeado comissário do Reich na Baviera, transferiu o poder da polícia para o *Gauleiter* (líder do partido nazista em uma unidade regional) Adolf Wagner e o cargo de chefe da polícia de Munique a Heinrich Himmler; por fim, em 10 de abril de 1933, três dias após o anúncio da Segunda Lei de Coordenação dos Estados com o Reich, tornou-se governador do Reich na Baviera. Em 1945, foi internado em um campo de prisioneiros pelas autoridades de ocupação americanas. [16, 17, 104, 107-109, 135, 138, 139n, 141, 143, 145, 148, 161, 170, 172, 174, 176, 178]

ERZBERGER, Matthias (1875-1921), político pacifista alemão. Em 11 de novembro de 1918, como chefe da delegação alemã na França, assinou o acordo de paz que encerrou a Primeira Guerra Mundial. Três anos mais tarde, seria morto a tiros por dois ex-oficiais da Marinha pertencentes a um grupo de extrema direita. [8, 9]

ESCHERICH, Georg (1870-1941), conselheiro florestal que fundou, em meados de 1921, depois da proibição das milícias de cidadãos na Baviera, a Organização Escherich (Orgesch), que chegou a ter 1 milhão de membros na Baviera e na Áustria e cometeu numerosos atentados e assassinatos políticos de extrema direita. [61]

ESCHERICH, Karl (1871-1951), cientista florestal e entomologista. Professor na Academia Florestal Tharandt e, de 1914 a 1936, na Universidade de Munique. É confundido por Klemperer com seu irmão Georg. [16]

FAULHABER, Michael von (1869-1952), professor em Estrasburgo, bispo de Espira (1911), arcebispo de Munique-Freising (1917) e cardeal (1921); depois de 1933, tomou posição decidida contra o racismo do regime de Hitler. [76]

FECHENBACH, Felix (1884-1933), secretário da chancelaria de Estado nomeado por Kurt Eisner em novembro de 1918;

condenado pelo Tribunal Popular de Munique a onze anos de prisão por suposta traição em 1922, no assim chamado "Caso Dreyfuss alemão", iniciado pelo publicista Paul Nikolaus Cossmann; o veredito foi anulado em 1926 pela Suprema Corte. De 1929 a 1933, durante sua atuação na *Volksblatt* [Folha Popular], órgão do SPD em Detmold, foi autor de vários comentários polêmicos bem informados sobre os envolvimentos dos chefes do Partido Nacional-Socialista (NSDAP). Preso em março de 1933, foi assassinado em 7 de agosto de 1933, durante o transporte para o campo de concentração de Dachau. [124]

FRANK, Bruno (1887-1945), romancista, novelista, dramaturgo e poeta lírico; emigrou em 1933 através da Áustria, Suíça, França e Inglaterra para os Estados Unidos. [53, 59]

FREYTAG, Gustav (1816-1895), escritor e dramaturgo alemão. [58n]

GOETHE, Johann Wolfgang von (1749-1832), escritor alemão, nome máximo do Romantismo. [54n, 72, 84, 131]

GÓRKI, Maxim (1868-1936), escritor russo. [157]

GUILHERME II (1859-1941), imperador da Alemanha e rei da Prússia entre 1888 e 1918. Quando eclodiu a revolução, exilou-se na Holanda, de onde, em 18 de novembro de 1918, comunicou sua abdicação do trono. [7, 35, 46]

GULBRANSSON, Olaf (1873-1958), pintor e desenhista norueguês; desde 1902, um dos principais colaboradores do semanário satírico *Simplicissimus*, de Munique. [146]

HARMS, Paul (1866-1945), jornalista, publicista e escritor, doutorou-se em 1891 em Marburgo; desde então, trabalhou como jornalista; em 1907-1908, foi redator-chefe do *Nationalzeitung* [Jornal Nacional] e, a partir de 1916, editorialista no *Leipziger Neueste Nachrichten*. [34, 61, 65-68, 103]

HAUSDORF, Otto, membro do Conselho Revolucionário das Universidades, depois da derrubada da República dos Conselhos de Munique, foi condenado a um ano e meio de prisão "com período de observação". [178]

HEIM, Georg (1865-1938), político bávaro; organizador do sistema de cooperativas camponesas na Baviera (por isso, conhecido como o "Doutor Camponês"); em 1918, cofundador do Partido Popular da Baviera (BVP). [60]

HEISS, Hanns (1877-1935), romanista. Foi *Privatdozent* em Bonn, professor titular na Escola Técnica Superior de Dresden (entre 1914 e 1919), depois em Freiburg im Breisgau. Antecedeu Klemperer na cátedra de romanística da Escola Técnica Superior de Dresden. [34, 79n]

HERFURTH, Edgar (1865-1950), fundador, em 1892, com seu irmão Paul, da editora Edgar Herfurth & Co.; o *Leipziger Nachrichten*, assumido com a fundação da empresa, se desenvolveu rapidamente sob o nome de *Leipziger Neueste Nachrichten* e se tornou um dos jornais diários mais influentes e de maior circulação da Alemanha. [67]

HERFURTH, Paul (1855-1937), irmão de Edgar Herfurth. [67]

HERTLING, Georg Graf von (1845-1919), político do DZP; foi chanceler de 1º de novembro de 1917 a 30 de setembro de 1918; faleceu em 4 de janeiro de 1919 em Ruhpolding. [120]

HEYSE, Paul (1830-1914), escritor alemão a quem Klemperer dedicou um estudo monográfico. [40, 41n]

HINDENBURG, Paul von (1847-1934), político que comandou o Exército Imperial Alemão durante a Primeira Guerra Mundial. Foi presidente da República de Weimar. Sua morte representou a consolidação do poder para Adolf Hitler. [6, 8]

HOFFMANN, Johannes (1867-1930), político social-democrata, socialista majoritário, ministro da Cultura do governo bávaro formado em novembro de 1918; fora nomeado em 17 de março de 1919 governador pela Assembleia Legislativa recém-eleita e formou um gabinete minoritário com representantes do SPD, do USPD e da Liga Camponesa. Depois da proclamação da República dos Conselhos, em 7 de abril de 1919, refugiou-se com seu governo em Bamberg; durante o *putsch* de Kapp, em março de 1912, foi obrigado pelo Exército Imperial a renunciar. [15, 21, 89, 95, 100, 103, 132, 133, 141, 144, 148, 149, 156-158, 160, 161, 164, 167, 169, 172, 176, 177, 179, 184]

HÖLDERLIN, Friedrich (1770-1843), filósofo e poeta alemão. [148]

HUGO, Victor (1802-1885), poeta e romancista francês. [34, 53]

JANENTZKY, Christian (1886-1968), germanista; entre 1922 e 1952, professor titular de língua e literatura alemã na Escola Técnica Superior de Dresden; entre 1945 e 1948, diretor da biblioteca universitária. [49]

JOACHIMSEN, Paul (1867-1930), historiador, professor do ensino secundário, a partir de 1916 também professor honorário da Universidade de Munique. Casado com Margarethe. [86]

JORDAN, Leo (1874-1940), romanista. Foi professor associado da Universidade de Munique, depois docente de línguas românicas na Escola Superior de Comércio de Munique; a partir de 1923, professor honorário na Escola Técnica Superior de Munique, até sua exoneração, em 21 de julho de 1933, em razão de sua origem judaica; suicidou-se em 1940. [49, 85]

KAFKA, Gustav (1883-1953), filósofo. Foi professor titular de filosofia e pedagogia na Escola Técnica Superior de Dresden até ser aposentado compulsoriamente em 1934. Volta depois da guerra. [48]

KAPP, Wolfgang (1858-1922), jornalista e funcionário público prussiano. Responsável, ao lado do general Walther von Lüttwitz, pela tentativa de golpe de Estado (*putsch*) feita no início da República de Weimar, entre 13 e 17 de março de 1920. [19]

KELLERMANN, Berthold (1853-1926), pianista, professor e historiador da música. Foi aluno de Franz Liszt e colaborador de Richard Wagner em Bayreuth. Entre 1882 e 1919, foi professor titular da Academia de Música de Munique. Serviu de modelo para o personagem de Wolzogen. [42]

KLEIST, Heinrich von (1777-1811), poeta e romancista alemão. [182n]

KLEMPERER, Eva (*née* Schlemmer, 1882-1951), pianista. Casou-se com Victor em 1906. Em Leipzig, onde ele trabalhou de meados de 1916 até o outono de 1918, Eva iniciou seus estudos de órgão. [9, 12, 19, 31, 34, 42, 45, 66, 83, 85, 101, 106, 109n, 186, 188, 191]

KLEMPERER, Felix (1871-1931), especialista em clínica médica, irmão de Victor. Com o irmão Georg, deu apoio financeiro regular a Victor até sua contratação como professor titular na Escola Técnica Superior de Dresden. [51, 68]

KLEMPERER, Georg (1865-1946), especialista em clínica médica, irmão mais velho de Victor, a quem também ajudou financeiramente. [16, 51, 68]

KLEMPERER, Hadwig (*née* Kirchner). Casou-se com Victor em 1952. [26, 185n, 191]

KLEMPERER, Henriette (*née* Frankel). Mãe de Victor e mais oito filhos: Georg, Felix, Margarete, Hedwig, Berthold, Marta e Valeska. O primogênito morreu aos 4 anos, em 1868. [9, 68, 186]

KLEMPERER, Wilhelm. Pai de Victor, rabino. [9, 186]

KÖHLER, Annemarie (1892-1948), médica. Depois de seus estudos de medicina, foi cirurgiã no hospital da Ordem dos Joanitas em Heidenau, próximo a Dresden; mais tarde, trabalhou em uma clínica particular em Pirna; a partir de meados dos anos 1920 tornou-se amiga íntima de Victor e Eva Klemperer; a partir de 1940, guardou os manuscritos e diários de Klemperer, a fim de impedir que, em alguma revista domiciliar, caíssem nas mãos da Gestapo. [62-64, 189]

KOPKE, Fritz (?-1933), jornalista; redator do *Leipziger Neueste Nachrichten*. [34, 37, 65]

LANDAUER, Gustav (1870-1919), escritor e político; defensor de um socialismo anárquico-romântico; em 14 de novembro de 1918, foi chamado por Kurt Eisner a participar da revolução na Baviera; redigiu, em parceria com Erich Mühsam, o texto da proclamação da República dos Conselhos de Munique; como membro do primeiro governo de conselhos, foi comissário do povo para a Educação popular. Depois da derrota da República, em 1º de maio de 1919, foi preso e, um dia depois, quando de sua transferência para a penitenciária de Stadelheim, em Munique, assassinado por soldados de um *Freikorps*. [15-17, 89, 90, 92-94, 110, 119, 120, 132, 133, 135, 137, 138, 143, 145, 148-151, 156, 157, 169, 176, 187]

LANSON, Gustave (1857-1934), historiador e crítico literário francês. [70]

LATZKO, Andreas (1876-1943): escritor húngaro de expressão alemã; antigo oficial; emigrou em 1938 para a Inglaterra; seu volume de novelas pacifistas *Homens em guerra* foi publicado em 1917. [59]

LERCH, Eugen (1888-1952), romanista. Apresentou seu doutorado em 1911, a habilitação em Munique, sob a orientação de Karl Vossler, em 1914; em 1920, tornou-se *Privatdozent*, depois professor associado na Universidade de Munique. Em 1930, assumiu como professor titular em Münster e, em 1946, em Mainz. [47-50, 74, 85, 101, 102]

LERCH, Sonja (*née* Rabinowitz, 1882-1918). Nascida em Varsóvia, doutorou-se em 1913 em Giessen com uma pesquisa sobre o desenvolvimento do movimento trabalhista russo; em janeiro de 1918 foi presa em Munique, acusada de traição, juntamente com Kurt Eisner, por "encabeçar" uma greve de trabalhadores da indústria de munições. Da prisão, pede seu divórcio, aceito pelo marido, e se suicida, em abril de 1918. [50, 56, 101]

LETTOW-VORBECK, Paul von (1870-1964), general. De 1914 a 1918, comandante da assim chamada "Tropa de Proteção na África Oriental Alemã"; admitido no Reichswehr em 1919; em 1920, dispensado por participar do *putsch* de Kapp. [163]

LEVIEN, Max (1885-1937), um dos fundadores, em 1919, do Partido Comunista Alemão em Munique e redator do jornal *Die Rote Fahne* [A Bandeira Vermelha]. Era membro do Conselho Executivo e foi, com Eugen Leviné, um dos líderes da República dos Conselhos de Munique. Em 10 de janeiro de 1919 foi preso com vários líderes da esquerda. No dia seguinte, manifestantes forçaram sua libertação. Em 7 de fevereiro, Levien foi novamente preso e libertado após um breve período de tempo. Em 7 de outubro, foi preso novamente em Viena, mas não extraditado para a Alemanha. A partir de junho de 1921, passou a viver na União Soviética, trabalhando como redator e docente em Moscou; preso em dezembro de 1936, durante os "expurgos" da era stalinista, foi condenado em março de 1937 a cinco anos de internação num campo de prisioneiros; em 16 de junho, a sentença foi convertida em condenação à morte, imediatamente executada. [15-17, 57, 58, 70, 79, 80, 82, 89, 93, 94, 103, 113-115, 118, 128, 135, 137, 138, 140, 143, 145, 146, 149, 156, 159, 161, 162, 169, 176]

LEVINÉ, Eugen (1883-1919), membro do Partido Comunista Alemão, foi um dos líderes da efêmera República dos Conselhos de Munique. Após a supressão da república, foi preso (13 de maio), julgado e executado por alta traição em 5 de junho. [15, 18, 21, 94n]

LINDNER, Alois (1887-1943), trabalhador, membro do USPD, autor do atentado, em 21 de fevereiro de 1919, contra Erhard Auer. [125n]

LIEBKNECHT, Karl (1871-1918), político; foi o único deputado social-democrata no Parlamento a votar em dezembro de 1914 e em agosto de 1915 contra a autorização dos empréstimos de guerra; cofundador da Liga Espartaquista e do KPD; teve um papel de liderança na rebelião da esquerda socialista em janeiro de 1919 contra o governo de maioria socialista de Ebert e Scheidemann; em 15 de janeiro de 1919, foi preso com Rosa Luxemburgo e assassinado por soldados do *Freikorps*. [8, 14, 55, 65, 92, 119, 120, 123, 160]

LIPP, Franz (1855-1937), jurista. Desde 7 de abril de 1919, sob Ernst Niekisch, comissário do povo para as Relações Exteriores; por causa de uma doença psíquica, permaneceu apenas poucos dias no cargo. [137]

LOTHEISSEN, Ferdinand (1833-1887), pesquisador em história da literatura. [70]

LUDENDORFF, Erich (1865-1937), general e político alemão. Teve papel de destaque na Primeira Guerra Mundial e na política alemã do período. Durante a República de Weimar, foi um dos líderes do movimento nacionalista e conspirou contra a República, tendo participado de duas tentativas de golpe de Estado, a de Wolfgang Kapp (1920) e a de Hitler (1923). É considerado um dos pais da "lenda da punhalada", que atribuía a derrota alemã na guerra à social-democracia e ao judaísmo bolchevique, que teriam apunhalado a pátria pelas costas, enquanto o Exército permanecia invencível no campo de batalha. [6, 8, 151]

LUDWIG II (1845-1886), rei da Baviera de 1864 a 1886. [61]

LUDWIG III (1845-1921), em 1912, príncipe regente; de 1913 a 1918, rei da Baviera. [13, 60, 146]

LUXEMBURGO, Rosa (1870-1919), líder teórica da ala esquerda do SPD; como pacifista radical, ficou presa de março de 1915 a novembro de 1918, com um breve intervalo; esboçou, no final de 1918, o programa do recém-fundado KPD; em 15 de janeiro de 1919, com Karl Liebknecht, foi presa e assassinada por soldados de um *Freikorps*. [14, 65, 119, 123, 160]

MAENNER, Emil K. (1893-1990), membro do USPD, foi comissário do povo para as Finanças no governo dos conselhos de Munique. Após a supressão do governo, foi preso, com Max Levien e Eugen Leviné. À diferença do último, conseguiu ir para Viena, onde desenvolveu carreira como artista. [161]

MEHRING, Franz (1846-1919), publicista e político; inicialmente democrata burguês, a partir de 1891 passou a se aproximar do SPD. De 1902 a 1907, foi redator-chefe do *Leipziger Volkszeitung* [Jornal Popular de Leipzig], de orientação social--democrata; de 1906 a 1911, professor na escola central do Partido Social-Democrata; 1913 a 1914, coeditor da *Sozialdemokratische Korrespondenz* [Correspondência Social-Democrata]. Cofundador, em 1916, da Liga Espartaquista, em 1917 muda para o USPD; no final de 1918, participa da fundação do KPD. [119, 120]

MEIER, Matthias (1880-1949), filósofo. Foi aluno de Clemens Baeumker; *Privatdozent* (1914), depois, em 1924, professor extraordinário em Munique; em 1921, professor em Dillingen; em 1927, na Escola Técnica Superior de Darmstadt. [108]

MEYERHOF, Hans (1881-1951), amigo de Klemperer desde o tempo em que ambos eram aprendizes na empresa importadora Löwenstein & Hecht, de Berlim (1897-1899). [51, 52, 54, 55, 78-82, 86, 87, 89, 92-95, 109, 110]

MÖHL, Arnold Ritter von (1867-1944), major-general bávaro. Como comandante em chefe do Comando do Exército Bávaro formado em 1919, embora de fato sob o comando supremo do general prussiano Ernst von Oven, derrotou o governo dos conselhos de Munique e estabeleceu uma ditadura militar que governou até agosto de 1919 por meio de lei marcial; em 14 de março, durante o *putsch* de Kapp, nomeado, sob pressão do Exército, comissário de Estado da Baviera; em 1923, nomeado comandante em chefe do Grupo de Comando II em Kassel, afastou-se da política bávara; em 1924, foi exonerado do Exército como general de infantaria. [168, 173]

MONTESQUIEU, Charles de Secondat, barão de la Brède (1689-1755), filósofo e teórico do Estado, estudado por Victor Klemperer em sua tese de habilitação. [51, 66, 74, 186]

MÜHSAM, Erich (1878-1934), escritor e político. Em 1919, foi membro do Conselho Central da República dos Conselhos Bávara. Depois da derrubada da República dos Conselhos, foi condenado a 15 anos de prisão, dos quais cumpriu cerca de seis. Em 1933, foi preso pelos nacional-socialistas e, em julho de 1934, assassinado no campo de concentração de Oranienburg. [15, 18, 66, 80, 89, 113, 115, 118, 135, 137, 138]

MÜLLER, Friedrich von (1858-1941), especialista em clínica médica. Desde 1889 ocupou cargos de professor em Bonn, Breslau, Marburg e Basileia. Desde 1902 era professor em Munique. [91, 133, 177, 184]

MUNCKER, Franz (1855-1926), germanista. *Privatdozent* em 1879, professor titular de história da literatura alemã na Universidade de Munique desde 1890; foi um dos mestres acadêmicos de Klemperer e orientou em 1913 doutorado sobre "Os precursores de Friedrich Spielhagen". Casado com Magdalena (Magda). [47, 49, 50, 73]

NEUBERT, Fritz (1886-1970), romanista; em 1910, doutorou-se em Munique; em 1918, habilitou-se em Lepzig sob a orientação de Philipp August Becker; *Privatdozent*, professor associado em Leipzig; em 1923, professor associado; em 1926, professor titular em Breslau; em 1943, em Berlim; confirmado como professor em Berlim em 1946; de 1949 a 1956, professor da Universidade Livre de Berlim. [62]

NEURATH, Otto (1882-1945), economista austríaco. *Privatdozent* sob orientação de Max Weber em Heidelberg; depois de 7 de abril de 1919, como presidente da Secretaria Central de Economia da República dos Conselhos, começou a introduzir uma economia sem moeda; em virtude de um protesto da Áustria, uma condenação a 18 meses de prisão após a derrota da República dos Conselhos não foi consumada; desde então, Neurath trabalhou em Viena, mas em

1934 teve de fugir para Haia; em 1940, conseguiu emigrar para a Inglaterra. [137]

NOSKE, Gustav (1868-1946), político social-democrata; como membro do Conselho dos Comissários do Povo (dezembro de 1918-fevereiro de 1919), detinha o poder militar; liderou a repressão da rebelião dos espartaquistas em janeiro de 1919 em Berlim; de fevereiro de 1919 a março de 1920, foi ministro da Defesa do Reich. [10, 11, 15-16, 19, 20, 65, 89, 115, 128, 139, 140, 144, 145, 160, 161, 169, 172]

NOERR, Friedrich Alfred Schmid (1877-1969), germanista, filósofo, escritor. Em 1906, *Privatdozent*; em 1910, professor extraordinário de filosofia em Heidelberg. Em Munique de 1917 a 1918; em abril de 1919, redigiu, sob incumbência de Gustav Landauer e do Conselho Revolucionário das Escolas Superiores da Universidade de Munique, um programa de ações para "revolucionar as universidades"; depois disso, escritor autônomo; esteve próximo à ala conservadora da resistência ao regime nazista (1937-1938; por incumbência de Ludwig Beck, preparou um "Esboço da Constituição do Reich Alemão"). [133]

OVEN, Ernst von (1859-1945), general de infantaria prussiano. Comandante em chefe de fato do Comando do Exército da Baviera, que, formado no início de 1919 em acordo com o governo do Reich, era chefiado pelo major-general bávaro Arnold Ritter von Möhl, que liderou as operações para a derrota da República dos Conselhos; em 3 de maio, as tropas do Comando do Exército da Baviera assumiram o controle de Munique; na semana seguinte, morreram ali mais de 600 homens. Após o fim dos combates, o Comando do Exército exerceu o poder militar na Baviera, mas já em 11 de maio de 1919 foi integrado ao Reichswehr como comando do Grupo IV. A partir de 1922, Ernst von Oven foi comandante em chefe do comando do Grupo I do Reichswehr. [168]

PUNGA, Franklin (1879-1962), eletrotécnico; desde 1921, professor de engenharia eletrotécnica na Escola Técnica

Superior de Darmstadt; nela dirigiu, de 1921 a 1949, o Instituto de Máquinas Elétricas. [63]

QUIDDE, Ludwig (1858-1941), historiador e político. Inimigo da política de Guilherme II; desde 1894 colaborador (entre 1914 e 1929, presidente) da Sociedade Alemã pela Paz; depois de 1918, membro do Partido Democrático Alemão; em 1927, recebeu o Prêmio Nobel da Paz (com Ferdinand Édouard Buisson); em 1923, emigrou para a Suíça. [16, 99, 135-137]

RABINOWITZ, Lydia, irmã de Sonja Lerch (*née* Rabinowitz), que se suicidara em abril de 1918. [101, 102, 107]
RABINOWITZ, Sonja *ver* LERCH, Sonja.
RITTER, Leo (1890-1979), cirurgião; de 1929 a 1964, médico--chefe da seção cirúrgico-ginecológica do Hospital da Ordem de São João de Deus em Regensburg. [76, 78, 83]

SAUERBRUCH, Ferdinand (1875-1951), cirurgião; em 1808, professor em Marburg; em 1911, em Zurique; em 1918, em Munique; a partir de 1925, em Berlim. [76, 77, 84]
SCHEIDEMANN, Philipp (1865-1939), político social-democrata. Durante a Primeira Guerra Mundial, defendeu a linha moderada da maioria de seu partido; em 1918, se tornou secretário de Estado no governo do príncipe Max von Baden; em 9 de novembro de 1918, proclamou a República e se tornou membro do Conselho dos Comissários do Povo; de fevereiro a junho de 1919, foi chanceler, chefiando a "Coalizão de Weimar", constituída pelo SPD, o DZP e o DDP. [7, 11, 57, 65, 115]
SCHERENBERG, Hermann (1826-1997), ilustrador. [58n]
SCHERNER, Johannes (Hans) (1880-1947), farmacêutico. Os Klemperer conheceram a ele e à sua mulher Gertrud (Trude) em maio de 1918, quando Victor trabalhava no Departamento de Censura de Livros de Ober Ost, seção de Leipzig. [34, 62, 64]
SCHICK, Joseph (1859-1944), anglicista. A partir de 1893, professor titular em Heidelberg; de 1896 a 1925, em Munique. Klemperer passara o semestre de verão na Universidade de Munique. Casado com Mary (*née* Bitche), que conheceu durante sua estada de três anos (1884-1887) em Devonshire. [85]

SCHILL, Ferdinand von (1776-1809), oficial prussiano. Em 1809, empreendeu com seu regimento, por iniciativa própria, a luta contra as tropas francesas, a fim de obrigar o rei da Prússia a agir; foi morto na defesa de Stralsund. [107, 178]

SCHNEPPENHORST, Ernst (1881-1945), sindicalista e político social-democrata. De março a agosto de 1919, foi ministro de Assuntos Militares no gabinete do governador bávaro Johannes Hoffmann; em 1932-1933, membro do Parlamento; a partir de 1933, na resistência; preso em 1944 e, em abril de 1945, assassinado pela Gestapo em Berlim. [145, 156]

SCHNITZLER, Arthur (1862-1931), dramaturgo e contista austríaco. [53]

SCHUBERT, Franz (1797-1828), compositor austríaco. [78n]

SEGITZ, Martin (1853-1927), membro do SPD, eleito governador da Baviera em 1º de março de 1919 pelo conselho central do movimento dos conselhos. [15]

SELCHOW, Bogislaw von (1877-1943), oficial da Marinha e escritor. [18]

STIRNER, Max (1806-1856), filósofo alemão. [148]

STETTENHEIM, Julius (1831-1916), escritor humorístico. [58n]

STRASSER, Alexander, membro (possivelmente presidente) do Conselho Revolucionário Universitário da Universidade de Munique. Depois da derrota da República dos Conselhos, assim como o estudante Otto Hausdorf, foi condenado a um ano e meio de prisão "com período de observação [de conduta para fins de estabelecimento da pena]". [84, 90-92, 108, 131, 132, 147, 178]

STRASSER, Gregor (1892-1934), irmão de Otto Strasser, membro do NSDAP desde 1921, tomou parte no *putsch* de Hitler em Munique (1923); em 1926, foi designado chefe da propaganda do partido para o Reich. No final de 1932, se pronunciou, em oposição a Hitler, pela participação do NSDAP em uma coalizão dos partidos de direita, e nas disputas subsequentes perdeu todos os seus cargos no partido. Foi assassinado em 1934 durante a "Noite dos Longos Punhais". Não se constatou nenhum parentesco próximo entre Alexander Strasser e os irmãos Otto e Gregor Strasser. [91, 108]

STRASSER, Otto (1897-1974), irmão de Gregor Strasser. Membro do SPD de 1917 a 1920, só em 1925 se tornou membro do NSDAP; como diretor da editora Kampf, de Berlim, e representante da ala esquerda do partido, fez oposição à direção do NSDAP; em 1933, depois do rompimento com Hitler, fundou a "Frente Negra" e continuou fazendo agitação contra ele do exterior; viveu no exílio até 1955. [91, 108]

STRICH, Fritz (1882-1963), crítico literário suíço; desde 1915, professor titular em Munique; entre 1929 e 1953, professor titular em Berna. [49]

THIEME, Johannes (datas desconhecidas), jovem conhecido dos Klemperer desde os tempos de Leipzig, morou um tempo com eles nos anos 1920, sendo considerado um filho adotivo de Victor e Eva, a quem chamava de pai e mãe. Romperiam relações em 1933, quando Johannes declarou apoio aos nazistas. [62-64]

TOBLER, Adolf (1835-1910), romanista suíço. Professor titular em Berlim desde 1867; ao longo de décadas, reuniu materiais para o seu *Dicionário de francês antigo*, editado a partir de 1915 por, entre outros, Erhard Lommatzsch. [50]

TOLLER, Ernst (1893-1939), dramaturgo, poeta e contista. Durante a República dos Conselhos de Munique, em abril de 1919, presidente do Conselho de Trabalhadores e Soldados da Baviera e comandante em chefe da Frente de Dachau; escreveu a maioria de suas peças durante os cinco anos de prisão a que foi condenado posteriormente. Toller teve de emigrar em 1933 (Suíça, França, Inglaterra, Estados Unidos); suicidou-se em Nova York em 22 de maio de 1939. [15, 18, 137, 146, 176]

UNTERLEITNER, Hans (1890-1971), político social-democrata bávaro, genro de Kurt Eisner; de novembro de 1918 a abril de 1919, foi ministro do Bem-Estar Social; entre 1920 e 1933, foi membro do Parlamento (primeiro pelo USPD, depois pelo SPD); entre 1933 e 1935, prisioneiro no campo de concentração de Dachau; em 1936, fuga para a Suíça; em 1939, emigração para os Estados Unidos. [56, 58, 81]

URFÉ, Honoré d' (1567-1625), autor francês. [33n]

VOLTAIRE (1694-1778), pseudônimo de François-Marie Arouet, escritor e filósofo iluminista francês. [53, 148]

VOGELWEIDE, Walther von der (c.1170-c.1230), trovador de língua germânica da Idade Média. [43]

VOSSLER, Karl (1872-1949), romanista. Concluiu seu doutorado em Heidelberg em 1897; a habilitação em 1899. Foi professor associado em Heidelberg (1909); no mesmo ano, professor titular em Würzburg e, a partir de 1911, em Munique. Em 1937, foi exonerado por motivos políticos; depois de 1945, foi temporariamente reitor da Universidade Ludwig-Maximilian em Munique. Klemperer foi seu aluno em Munique antes da Primeira Guerra Mundial e obteve a habilitação sob sua orientação em outubro de 1914; recebeu dele estímulos decisivos para investigar a história literária e linguística em sua interação com a história geral da cultura. [46-50, 51n, 73, 85, 93, 101, 102, 186-188]

WADLER, Arnold (1882-1951), cientista social (doutorado em 1907 em Munique). Em 1918, sob o governo de Kurt Eisner, ministro da Habitação; em 8 de abril, como ministro da Habitação, ordenou a "apreensão e racionamento" de todas as habitações na Baviera; emigrou em 1933 para a Suíça, mais tarde para a França; em 1940, conseguiu fugir para os Estados Unidos. [137]

WALLENSTEIN, Albrecht von (1583-1634), general e político boêmio, uma das figuras mais relevantes da Guerra dos Trinta Anos. [177]

WEBER, Max (1864-1920), sociólogo, economista e historiador econômico. Depois de ter ocupado cargos de professor em Berlim, Freiburg im Breisgau, Heidelberg e Viena, estabeleceu-se em 1919 como professor em Munique; deu contribuições fundamentais para a constituição da sociologia como disciplina científica autônoma. [133, 149]

WECKERLE, Eduard (1890-1956), jornalista. Membro do USPD, mais tarde do Sozialistische Arbeiterpartei (SAP) [Partido Socialista dos Trabalhadores]; a partir de 1932, do SPD; em 1933, emigrou para a Suíça. [80, 82, 87, 92, 109, 110, 157]

WEISSBERGER, Arnold (1898-1985), fotoquímico de Chemnitz; doutorou-se em 1924 e habilitou-se em 1928 em Leipzig; em 1933, emigrou para a Inglaterra e, em 1936, para os Estados Unidos, onde trabalhou para a Eastman Kodak Company em Rochester. [78]

WOLZOGEN, Ernst Ludwig von (1855-1934), escritor, crítico e fundador do cabaré literário Überbrettl, de Berlim. [42]

CONCEPÇÃO DA EDIÇÃO ORIGINAL Nele Holdack
TRANSCRIÇÃO DOS DIÁRIOS E NOTAS BIOGRÁFICAS Christian Löser
PREPARAÇÃO Fábio Bonillo
REVISÃO Ricardo Jensen de Oliveira e Fábio Bonillo
CAPA Violaine Cadinot
PROJETO GRÁFICO DE MIOLO Bloco Gráfico

Editorial
DIRETOR EDITORIAL Fabiano Curi
EDITORA-CHEFE Graziella Beting
EDITORA DE ARTE Laura Lotufo
ASSISTENTE EDITORIAL Kaio Cassio
ASSISTENTE DE COORDENAÇÃO EDITORIAL Karina Macedo
PRODUTORA GRÁFICA Lilia Góes

Comunicação e imprensa
Clara Dias

Administrativo e comercial
Lilian Périgo
Marcela Silveira
Fábio Igaki (site)

Expedição
Nelson Figueiredo

Atendimento ao cliente
Meire David

EDITORA CARAMBAIA
Av. São Luís, 86, cj. 182
01046-000 São Paulo SP
contato@carambaia.com.br
www.carambaia.com.br

copyright desta edição © Editora Carambaia, 2021
copyright © Aufbau Verlag GmbH & Co. KG, Berlin 2015

Título original *Man möchte immer weinen und lachen in einem –
Revolutionstagebuch 1919* [Berlim, 2015]

Crédito das imagens da capa: Library of Congress, Prints & Photographs Division: LC-USZC4-11290, LC-USZC4-11541 e LC-USZC4-11565. Shutterstock: Everett Collection, Keith Tarrier e Tupungato.

The translation of this work was supported by a grant from the Goethe-Institut.
A tradução desta obra contou com apoio do Instituto Goethe.

CIP-BRASIL. CATALOGAÇÃO NA PUBLICAÇÃO
SINDICATO NACIONAL DOS EDITORES DE LIVROS, RJ

K72m
Klemperer, Victor [1881-1960]
  Munique 1919: diário da revolução – É para rir e chorar ao mesmo tempo / Victor Klemperer; ensaio histórico Wolfram Wette; prefácio Christopher Clark; tradução e posfácio Mário Luiz Frungillo.
1. ed. – São Paulo: Carambaia, 2021.
224 p.; 23 cm

Tradução de: *Man möchte immer weinen und lachen in einem: revolutionstagebuch 1919*
Inclui índice
ISBN 978-65-86398-39-7

1. Klemperer, Victor, 1881-1960 – Diários. 2. Munique (Alemanha) – História – 1918-1933. I. Wette, Wolfram. II. Clark, Christopher. III. Frungillo, Mário Luiz. IV. Título.

21-72311   CDD: 943.364   CDU: 94(430.129)
Meri Gleice Rodrigues de Souza – Bibliotecária CRB-7/6439

ilimitada

FONTE
Antwerp

PAPEL
Ivory 75 g/m^2

IMPRESSÃO
Ipsis